铸牢中华民族共同体意识

MEILIZHONGGUO HEXIEJIAYUAN
MINZUZIZHIDIFANG FAZHANCHENGJIUZHAN XUNLI

美丽中国·和谐家园

民族自治地方发展成就展巡礼

凉山彝族自治州卷

民族文化宫　编

民族出版社

美丽中国·和谐家园

民族自治地方发展成就展巡礼

总 序

为全面宣传党的民族政策和中国特色解决民族问题正确道路的成功实践及其取得的巨大成就，国家民委自2013年起，在民族文化宫举办“美丽中国·和谐家园——中国少数民族经济社会文化系列展”。展览以习近平新时代中国特色社会主义思想为指导，深入贯彻落实习近平总书记关于加强和改进民族工作的重要思想，以铸牢中华民族共同体意识为主线，全方位展示我国民族地区经济建设、政治建设、文化建设、社会建设和生态文明建设取得的巨大成就，充分展现中华文化的多彩之美、民族关系的和谐之美、民族地区的自然之美。

截至目前，已有5个自治区、20个自治州和部分自治县成功举办发展成就展。这些展览，一方面生动宣传了党的民族政策和民族区域自治制度，全面展现了中华民族一家亲、同心共筑中国梦的时代风貌；另一方面，也成为展示民族地区经济社会文化发展的重要窗口，成为保护和传承各民族优秀传统文化、增进各民族交往交流交融的重要载体，对促进新时代民族地区高质量发展具有重要意义。

为打造“永不闭幕”的民族自治地方成就展，书写新时代、展现民族地区新风采的“微型百科全书”，在中国共产党成立100周年之际，按照国家民委的部署，民族文化宫组织编纂了《美丽中国·和谐家园——民族自治地方发展成就展巡礼》系列丛书。

《巡礼》系列丛书计划编纂30册，每个民族自治州独立成册，视办展情况陆续出版。每册内容包括序篇、奋进历程篇、建设成就篇、民族团结篇、自然人文篇等5个篇章，以图片、数据、图表、文字相结合的方式呈现。系列丛书记述民族自治地方发展历程，以全面反映改革开放以来特别是党的十八大以来，在党的民族政策的光辉照耀下民族自治地方发生的历史性巨变，为广大读者及大专院校、科研机构提供参考。

《美丽中国·和谐家园——民族自治地方发展成就展巡礼》系列丛书编委会

目 录

目 录

序　篇

凉山彝族自治州（以下简称“凉山州”）隶属于四川省，是我国最大的彝族聚居区。凉山州位于四川省西南部，北起雅安市和甘孜藏族自治州，南连攀枝花市，东、西分别与云南省为邻，东北与乐山市和宜宾市接壤，面积 6.04 万平方千米，东西宽约 360 千米，南北长约 370 千米。凉山州西跨横断山脉，东抵四川盆地，北起大渡河，南临金沙江。地势西北部较高，东南部较低。以雅砻江为界，可分为两大区域：东部为山地区域，西部为高原区域。西有大雪山脉，东有大凉山脉，两大山脉相对峙。雅砻江由北向南蜿蜒奔流，安宁河纵贯自治州南北。邛海、马湖、泸沽湖等天然湖泊像明珠一样镶嵌在崇山峻岭之中。全境高山耸立，峡谷纵深，山川相间，气势磅礴，雄伟壮丽。

凉山历史文化悠久，远在两千多年前的秦汉时期，中央王朝就在凉山设置郡县，委派官吏进行管理。秦汉以前凉山地区称“古邛都国”或“邛都部落”，汉称“越嶲郡”，隋唐为“嶲州”，南诏称“建昌府”，元称“罗罗斯宣慰司”，明朝开始建立卫所制度，逐步推行“改土归流”政策，在凉山设立四川行都指挥司，清称“宁远府”，民国称“宁属”。

1935 年 5 月，中国工农红军过金沙江进入四川凉山彝族地区。刘伯承司令与果基（沽鸡）家支首领果基约旦（小叶丹）举行了举世闻名的“彝海结盟”，粉碎了蒋介石妄图把红军变成“石达开第二”的美梦。“彝海结盟”使中国工农红军不费一枪一弹顺利通过凉山彝族地区，这是中国共产党民族政策的胜利，体现了少数民族群众对红军的爱戴和军民的团结，给伟大的万里长征增添了光彩的一笔。“彝海结盟”成为中国共产党早期成功运用民族政策的典范。

1950 年凉山解放，1952 年 10 月，凉山彝族自治区政府正式成立，隶属当时的西康省。1955 年 4 月 15 日，根据《中华人民共和国宪法》规定，凉山彝族自治区改为凉山彝族自治州。1955 年 9 月，西康省撤销建制，凉山彝族自治州改属四川省。1956 年实行民主改革，凉山从奴隶社会“一步跨千年”直接进入社会主义社会。1978 年 10 月，西昌地区建制撤销，所属米易县、盐边县划归渡口市（现攀枝花市），其余 8 个县并入凉山州。1984 年 4 月，峨边县、马边县划归乐山地区。至 1990 年底，凉山州辖西昌、德昌、会理、会东、宁南、普格、布拖、昭觉、金阳、雷波、美姑、甘洛、越西、喜德、冕宁、盐源、木里藏族自治县共 17

凉山州首府西昌市

个县（市），其中，木里县是全国仅有的两个藏族自治县之一。首府设西昌市，是凉山州政治经济文化中心。西昌市是“嫦娥”飞天的地方，被誉为“中国航天城”。

截至2019年末，凉山州总人口531.03万，其中彝族占53.84%。是我国最大的彝族聚居区，也是四川省民族成份最多、少数民族人口最多的地区，有彝、汉、藏、回、蒙古、傈僳、苗、布依、傣、纳西、壮、白、满、土家等14个世居民族。凉山民族文化魅力独特，几千年前，彝族先民就创造了辉煌的太阳历，历经千年风雨，凉山成为全国彝族文化保存最为完整、内容最为丰富的地区。毕摩文化、火把节文化、服饰文化、饮食文化和泸沽湖摩梭母系文化、木里藏乡文化异彩纷呈、交相辉映。

凉山大山大水大资源，具有资源的优越性、多样性、独特性等，特别是水能、矿产、农业、旅游、民族文化资源等优势尤为突出、潜力巨大。凉山水能资源富甲天下。根据2019年的数据，凉山州水能资源技术可开发量7004万千瓦，占全国的15%、四川省的57%，国家在金沙江、雅砻江、大渡河“三江”规划建设的14座装机100万千瓦以上电站中，凉山境内有10座，总装机5700多万千瓦，是

凉山州大山大水大资源

国家“西电东送”的重要基地和骨干电源点。地处雷波县的金沙江溪洛渡水电站总装机容量1386万千瓦，年均发电571.2亿千瓦时，装机容量仅次于三峡水电站，居中国第二、世界第三。2017年8月，地处宁南县的金沙江白鹤滩水电站主体工程全面开工建设，这是国家能源战略布局“西电东送”的骨干电源点和长江防洪体系的重要组成部分，也是我国实现到2030年非化石能源占一次能源消费比重20%左右的重要能源项目。地处会东县的我国第三座超千万千瓦级水电站——乌东德水电站工程是世界上少有的巨型水电站，坝高居世界第六，泄洪量居世界第三。在凉山实施的这些国家超级工程带动了水电装备全产业链的升级换代，推动水电重大装备国产化达到新高度，为助力凉山脱贫攻坚和经济社会快速发展产生了重要而深远的影响。

凉山矿藏丰富。根据2014年的数据，现已探明矿种103种，有相当储量的达60种，其中特大型、大型矿床30处。轻稀土氧化物保有储量278万吨，全国第二。有色金属矿产储量四川省第一，铜、锡、钴、钼等占四川省的80%左右。重要优势矿产有钒钛磁铁矿、富铁矿、铜矿、铅锌矿、锡矿、稀土矿等，具有品位

安宁河谷粮仓

高、埋藏浅、采选条件好、综合利用价值高的优点，是建设综合性大型钢铁集团和有色金属、稀土原材料基地的最佳地区，被誉为“天然地质博物馆”“中国的乌拉尔”“川西南的聚宝盆”。

凉山州农业资源极为丰富，苦荞麦产业发展规模世界第一，安宁河平原是四川省第二大平原，被誉为“川南粮仓”。凉山州是全国第二大优质烟叶生产基地，烤烟种植面积位居全国前列。桑蚕茧、苦荞麦、马铃薯、花卉、会理石榴、雷波脐橙、盐源苹果、金阳青花椒等优质特色农产品享誉全国。西南苹果第一大县、四川花卉第一大县、四川铜业第一大县等“落户”凉山，凉山州的地区生产总值、地方一般财政收入均居全国 30 个民族自治州前列。

中华人民共和国成立后，凉山“一步跨千年”，从奴隶社会进入社会主义社

布拖海博新村

会。沐浴着党的阳光，在各项惠民强州政策支持下，凉山各族人民同全国人民一道投身于火热的社会主义建设，让凉山告别积贫积弱、走向繁荣富强。凉山州在改革开放中成长，在探索中前进，在奋斗中谱写华章。从刀耕火种到规模农业，从铁匠铺到工业产业化，从一穷二白到脱贫奔小康，从驿站到城市，17 个县市城市化、工业化、产业化正在步入跨越式发展的“快车道”。

党的十八大以来，习近平总书记多次讲到凉山深度贫困问题，特别指出，彝族兄弟对中国革命是有重要贡献的，要继续加强政策支持，加大工作力度，确保彝区与全国全省同步实现全面小康。2018 年春节前夕，习近平总书记亲临凉山视察，作出一系列重要指示，“对凉山寄予厚望”。在党中央、国务院的亲切关怀下，在四川省委、省政府的坚强领导下，在发达省市和省内地区的大力支持下，凉山州委、州政府在习近平新时代中国特色社会主义思想指引下，不忘初心、牢记使命，斗志昂扬、奋勇前行，推动高质量发展，聚焦全面打赢脱贫攻坚战，坚持优势资源开发与保护并重，工业强州、生态立州、开放兴州，努力走出民族地区改善民生、富民和谐之路，加快建设美丽富饶文明和谐新凉山，在“一步跨千年”的历史上，谱写了“跑步奔小康”的崭新篇章。2020 年 2 月 18 日，凉山州木里、盐源、甘洛、雷波 4 个县退出贫困县序列。2020 年 11 月 17 日，四川省政府批准凉山州喜德、普格、越西、昭觉、金阳、布拖、美姑 7 县脱贫摘帽。至此，凉山州贫困县全部“清零”，实现脱贫目标。

家家都在画图中

70多年来，凉山州经济发展突飞猛进，综合实力大幅提升。2011年实现了经济总量跨千亿元的重大历史性突破，跃居全国30个民族自治州前列，由此进入全省“千亿俱乐部”方阵。2019年，全州地区生产总值1676.3亿元。全州居民人均可支配收入20516元，增幅较全国和四川省分别高1.3、0.2个百分点。

党的十八大以来，凉山州以习近平新时代中国特色社会主义思想为指导，坚持以党的政治建设为统领，认真落实新时代党的建设总要求，全面加强党的建设，扎实开展“不忘初心、牢记使命”主题教育，坚定自觉忠诚履职，坚定自觉依法行政，坚定自觉为民服务，坚定自觉担当作为，坚定自觉廉洁从政。大力推进政府治理体系和治理能力现代化，努力建设人民满意的服务型政府。

70多年来，凉山州委

美好凉山

立足民族文化资源优势，加快公共文化服务体系建设，大力发展文化事业和文化产业，不断丰富人民群众精神文化生活，推动民族文化资源大州向文化强州转变。文旅品牌建设成果丰硕，“十三五”期间，创建国家A级旅游景区26个，其中，4A级景区8个、国家级旅游度假区1个、省级旅游度假区3个。文旅项目建设取得积极进展，2016年以来，启动西昌市文化旅游科技创意产业园等重大文旅项目建设，夯实全域旅游项目支撑。

70多年来，凉山州社会建设不断发展，以现代化的生态田园建设为带动，加快新型城镇化体系建设，城市功能不断完善，城市面貌焕然一新。建设彝家新寨，推进城乡一体化发展，呈现出“环境优美、功能完善、特色鲜明、生活文明”的新气象。医疗基础设施建设稳步推进，加快建设健康凉山，发展彝医药公共卫生服务等，社会保障体系日趋完善。

党的十八大以来，凉山州牢固树立“绿水青山就是金山银山”的理念。2016年8月15日，凉山州委通过《关于推进绿色发展建设美丽凉山的决定》，提出要把推进绿色发展融入转型跨越、脱贫奔小康的全方位和全过程，以生态建设为先导，统筹推进全域生态文明建设，大力实施“绿化凉山行动”，优化提升产业结

邛海湿地公园已经成为珍稀鸟类的栖息地

构，注重补齐发展“短板”，加快形成绿色发展方式和生活方式，加快建设天更蓝、地更绿、水更清、环境更优美的美丽凉山。

凉山彝族自治州作为“彝海结盟”的所在地，有着民族团结的优良传统，历届州委、州政府始终把促进民族团结进步事业作为永恒主题和重要任务。1950 年 12 月，西昌专区各族各界代表大会通过了《西昌专区各族人民团结公约》。1984 年 2 月 4 日，凉山州第一次民族团结进步表彰大会在西昌召开。1984 年 6 月，凉山州政府办公室转发州民委《关于开展好“民族团结月”活动的安排意见》。1987 年 8 月 12 日，《凉山彝族自治州自治条例》颁布施行，把“火把节”当月定为“民族团结”宣传月。从那时开始，每年火把节，凉山州都要开展“民族团结进步宣传月”活动。1988 年 9 月，国务院召开第一次全国民族团结进步表彰大会，凉山州有 7 个集体、11 名个人受到表彰。

党的十八大以来，凉山州委、州政府牢牢把握“共同团结奋斗、共同繁荣发展”主题，紧紧围绕铸牢中华民族共同体意识这一主线，聚焦同步全面小康目标，紧密结合州情实际，将创建全国民族团结进步示范州作为推动全州经济社会建设的

凉山彝族自治州成就展

现实之需、实现凉山跨越发展长治久安的战略之策和提升党在民族地区执政能力的固本之举，探索出一条符合凉山实际的创建之路。凉山州的生动实践，是深度贫困地区开展民族团结进步创建的有益探索，为全国民族工作创造了宝贵经验。2017年12月，凉山州被国家民委命名为“全国民族团结进步创建示范州”。截至2019年，凉山州先后有440个民族团结进步模范集体、896名民族团结进步模范个人获国务院和省、州表彰；凉山奴隶社会博物馆、“彝海结盟遗址”被命名为全国民族团结进步教育基地；西昌市、凉山州国家税务局被命名为“全国民族团结进步创建活动示范单位”；木里大寺等23个单位被命名为“全省民族团结进步示范单位”；2018年12月，木里、冕宁、越西三县被命名为“第三批全省民族团结进步创建示范县”；州委宣传部等252个单位被命名为“全州民族团结进步示范单位”。

2014年，在庆祝《中华人民共和国民族区域自治法》颁布实施30周年之际，凉山彝族自治州成就展于9月9日至9月15日在北京民族文化宫展览馆成功举办。展览以“五彩凉山——曾经一步跨千年，今朝跑步奔小康”为主题，全面展示了凉山州在经济社会发展方面取得的巨大成就，展现了凉山州各族人民自强不息、团结奋进的精神风貌，充分反映了民族区域自治制度的旺盛生命力。为期一周的展览，参观人数达6万余人，取得了很好的社会影响。

奋进历程篇

在祖国西南，金沙江、大渡河、雅砻江切割下的横断山间，有一片6万多平方公里的热土，这就是凉山彝族自治州。1935年红军长征过凉山，留下“彝海结盟”的佳话，在中国革命史上写下光辉的一页。1952年，凉山建立民族区域自治政权。1956年民主改革后“一步跨千年”进入社会主义社会。1978年，在西昌成立新的凉山彝族自治州。建州以来，在党的民族政策的光辉照耀下，在党中央、国务院的亲切关怀下，在四川省委、省政府的坚强领导下，凉山各族人民团结一心、励精图治，艰苦创业、开拓进取，用勤劳和智慧创造了一个又一个奇迹，实现了“一步跨千年”到“经济跨千亿”的历史性跨越。经济总量和财政收入始终保持在全国30个少数民族自治州前列。全州上下呈现出经济快速发展、民生持续改善、民族团结和睦、社会和谐稳定、人民安居乐业的大好局面。

一、建置沿革

凉山历史悠久，远在两千多年前的秦汉时期，中央王朝就在这里设置郡县，委派官吏进行管理。这一地区，秦汉以前称“古邛都国”或“邛都部落”，汉称“越嶲郡”，隋唐为“嶲州”，南诏称“建昌府”，元称“罗罗斯宣慰司”，明为“四川行都司”，清称“宁远府”，民国称“宁属”。

1950年3月27日西昌解放，12月，正式成立西康省西昌专员公署委员会，辖西昌县、德昌县、会理县、会东县、盐边县、盐源县、冕宁县、越西县、宁南县和泸宁、宁东、普格三个设治局。1951年和1952年，建立了米易县、普格县、木里藏族自治县和金矿县。1952年10月1日，西康省凉山彝族自治区成立，将昭觉和新建的普格、布拖、金阳、美姑、普雄、喜德划归凉山彝族自治区，首府驻昭觉。1955年4月15日，根据宪法的规定，凉

1952 年凉山解放，建立新兴的人民政权

山彝族自治区更名为凉山彝族自治州。1955 年 10 月前，西昌、凉山两地州属西康省，1955 年 10 月西康省撤销后划归四川省。1956 年将西昌专区的越西县和乐山专区的雷波、马边、峨边 3 县划归凉山州（马边、峨边两县由乐山专区代管），同期凉山州又新建甘洛、洪溪、瓦岗 3 县。1960 年西昌专区撤销金矿、德昌两县，凉山州撤销普雄、洪溪、瓦岗、布拖 4 县。1962 年西昌专区恢复德昌县，凉山州恢复布拖县。1978 年 10 月撤销西昌地区建制，将西昌、德昌、会理、会东、宁南、冕宁、盐源、木里 8 县划归凉山族自治州，凉山州政府由昭觉迁驻西昌。1980 年在西昌城区增建西昌市。1984 年将马边、峨边两县划归乐山市。1986 年将西昌县撤销并入西昌市。凉山彝族自治州现辖西昌市、德昌县、会理县、会东县、宁南县、普格县、布拖县、金阳县、昭觉县、美姑县、雷波县、喜德县、越西县、甘洛县、冕宁县、盐源县和木里藏族自治县等 17 个县（市）。

彝海结盟纪念馆

二、彝海结盟

1935 年 5 月，中央红军为突破国民党的包围，打算穿越大凉山，越过大渡河。刘伯承、聂荣臻率领的先遣部队借道彝民区，在经过额瓦垭口时，受到彝族武装的阻止与袭击。红军只得缩短行军距离，严肃军纪，原地待命，同时严格执行民族政策，对任何形式的侵袭，都不予还击，让懂彝语的向导给彝族做宣传解释，说明红军是为受压迫的各族人民打天下的，此次只是借路北上，决不会与彝族人民为敌。果基家支的头人果基小叶丹此时也派了他的四叔和精通汉语的毕摩沙玛尔各到喇嘛房姜家店子探听情况，得知红军确实不同于以往所见的国民党军队。本着彝族固有的“朋友越多越好，敌人越少越好”的传统理念，果基小叶丹与红军群众工作队队长肖华进行了对接。在我党我军政策和行动的感召下，他对红军产生了好感和信任，愿与红军总参谋长刘伯承结拜为兄弟。1935 年 5 月 22 日，在位于冕宁县城以北二十多千米的彝海湖畔，刘伯承和小叶丹按照彝族习俗，

红军过凉山建立第一支少数民族地方红色武装——中国夷（彝）民红军沽鸡（果基）支队。图为舞台剧《彝红》剧照

同饮鸡血酒，对天盟誓，结为兄弟。刘伯承把随身佩带的左轮手枪和一些步枪送给了小叶丹，小叶丹也将自己的坐骑送给刘伯承作为纪念。当晚刘伯承司令还在红军宿营地设宴款待了果基小叶丹叔侄一行。席间，刘伯承对小叶丹说，彝族内部要团结，不要打冤家，要和好；汉族彝族是一家，不要隔阂，要共同对付军阀。随即刘伯承将一面写有“中国夷（彝）民红军沽鸡（果基）支队”的队旗授予小叶丹，任命他为支队长，此即举世闻名的“彝海结盟”。也就在这一天，毛泽东、朱德、周恩来、陈云等中央领导同志随中央军委纵队到达冕宁县城，在果基小叶丹的大力协助下，红军不费一枪一弹就顺利通过了这里。

“彝海结盟”作为红军长征史上光辉的一页，作为中国共产党执行民族团结进

刘伯承与小叶丹结盟塑像

步政策的典范，在中国共产党和人民军队的历史上占有重要地位，党和国家历任领导人都高度评价这一历史事件。果基小叶丹作为在国民党白色恐怖压迫下的一个彝族家支头人，能够深明大义，不顾个人和家支的安危，毅然决然接受红军的主张，勇敢地站出来，与红军总参谋长刘伯承歃血为盟，结拜兄弟，接受“中国夷（彝）民红军沽鸡（果基）支队”支队长的任命，带领彝族群众护送红军顺利通过彝族群众聚居区，彻底粉碎了蒋介石妄图在大渡河畔消灭红军、重演石达开全军覆没历史悲剧的美梦。从此，“中国夷（彝）民红军沽鸡（果基）支队”的旗帜在凉山大地猎猎飘扬。在这面红色旗帜的引领下，数百万凉山各族儿女积极投身于伟大的抗日战争、解放战争，为民族的独立和解放、为中华人民共和国成立作出了巨大贡献。

矗立在西昌市中心的刘伯承与小叶丹彝海结盟塑像是凉山人最大的一个文化表征，也是凉山人血脉中汩汩流淌的英雄情结、爱国情结和团结情结的表现。

凉山临时军政委员会第一次会议全体委员合影

三、民主改革

1956 年至 1958 年，凉山实行以“废除奴隶制度，废除奴隶主阶级土地所有制”为主要内容的民主改革，完成了农业、手工业、资本主义工商业的社会主义改造，凉山从奴隶社会“一步跨千年”进入社会主义社会。

1956 年民主改革前凉山州的广大彝族地区还处在奴隶社会阶段，州内木里藏族地区已进入封建农奴制，而在汉族聚居区和其他少数民族杂居区，则已进入到封建社会。

从 1950 年起，经过五六年的艰苦工作，凉山彝族地区实行民主改革的条件已基本成熟。依照我国宪法的精神，在党和政府的领导下，在广大奴隶、劳动人民的强烈要求和全力参与下，经过激烈的斗争，于1956年初至1958年初，分期分批地完成了以解放奴隶、没收奴隶主土地为主要内容的民主改革运动。

在民主改革的过程中，首先开展自上而下的协商，制定政策。凉山州党组织和政府，就民主改革的时间、内容、政策和具体方法等重大问题，与彝族群众代表进行协商。1956年2月，凉山州召开的第三届人民代表会议通过了《四川省凉山彝族自治州民主改革实施办法》，具体规定了改革的性质和任务："为了发展生产，巩固民族团结，进一步发展彝族地区的政治、经济、文化，改善人民生活，使凉山彝族得以跻身于先进民族行列，逐步过渡到社会主义社会。""废除奴隶制度，解放奴隶。实现人民的人身自由和政治平等；废除奴隶主阶级的土地所有制，实行劳动人民的土地所有制，借以解放农村生产力，发展农业生产，为实行农业社会主义改造，开展合作化运动创造条件。"在具体政策上规定："改革中对现有奴隶一律解放；改革后任何人不得再占有奴隶；奴隶主不得再依靠特权向劳动人民进行奴役和剥削，政府帮助新解放的奴隶安家立业，发展生产；奴隶群众的人身自由和政治权利由政府加以保护""没收奴隶主的土地，并征购其多余的耕畜、农具、粮食和房屋""废除奴隶主的一切高利贷剥削"等。还根据宽大、让步的方针，规定对奴隶主不算老账、不挖底财、不退押金等。实施办法还对改革的方法规定为："采取和缓的方式，通过和平协商实行民主改革"。

民主改革是一场消灭奴隶主阶级、推翻奴隶制度的激烈阶级斗争，必须充分发动群众才能取得胜利，方针是："依靠奴隶，团结全体劳动者，有步骤有区别地消灭奴隶主阶级"。改革自始至终贯彻了放手发动群众，自己解放自己的原则，依据《四川省凉山彝族自治州劳动人民协会组织章程》和《四川省凉山彝族自治州清匪治安武装自卫队暂行办法》，采取形势教育、对比教育、诉苦教育等方式，提高群众的觉悟，将群众发动、组织、武装起来，积极参加运动。到1956年初民主改革开始不久，仅昭觉、布拖等县劳协会员就发展到14万多人，自卫队员发展到6万多人，并拥有枪支1.5万多支，他们有组织地投身于改革，以自己的武装保卫着民主改革运动向前发展。

在民主改革这场伟大的历史性变革中，奴隶主阶级内部发生着急剧的变化。一部分开明人士在党的感召下认清了形势，顺应了历史潮流接受了改革；但腐朽、

1956年，一步跨千年，实行民主改革和社会主义改造时的情景

没落和掌握有武器的凉山奴隶主阶级本身，是绝不愿主动退出历史舞台的。一小部分人，也就是奴隶主阶级中的顽固派，怀着对共产党、中央政府和劳动人民的刻骨仇恨，站在民主改革运动的对立面，拒不放弃对奴隶的统治和剥削，甚至利用手中掌握的武器，扯起“民族”的旗号，于1955年12月24日，首先在普雄地区发动了旨在对抗民主改革运动的反革命武装叛乱，接着又在美姑、布拖、喜德、昭觉、瓦岗等地发动大规模叛乱。

在这种情况下，原来达成的改革协议和已发动起来的群众都直接受到了影响，一些已开展民主改革的地区无法继续进行改革。广大奴隶群众和驻凉山的人民解放军，被迫拿起武器，坚决平息叛乱，保卫伟大的民主改革运动。

平叛分三个阶段进行。第一阶段从 1955 年 12 月开始，至 1956 年 1 月结束。贯彻了中央“集中优势兵力，首先打击重点地区、主要敌人和气焰最嚣张之叛匪”的平叛方针，以强大的军民武装力量，经过普雄、竹核、布拖等较大的几场战斗，集中打击了最早挑起武装叛乱的奴隶主的气焰，为后来开展政治争取工作和彻底平息叛乱创造了必要的条件。第二阶段从 1956 年 2 月初开始，至 1957 年 1 月结束。在集中军事打击的基础上，积极开展了争取的攻势，边平叛，边改革，保证了 80% 以上地区民主改革工作的完成。第三阶段从 1957 年 2 月开始，至 10 月结束。这段时期的平叛只在局部地区进行，方针是集中力量，平息一块，巩固一块。平叛进展顺利，成效显著。在整个平叛过程中，除了军民紧密配合，给最顽固之敌以强有力地军事打击之外，更重要的是开展了有效的群众工作。

为民主改革的胜利和奴隶的彻底解放，全州军民付出了极大的代价，涌现出许许多多的英雄模范和可歌可泣的事迹。平息叛乱从 1955 年 12 月开始，于 1957 年 10 月结束，历时近两年。经历了大小战斗 6000 余次，歼灭瓦解和俘虏叛乱武装 5 万多人，缴获各种枪支 7 万余支、子弹 20 多万发、手榴弹 600 多枚，打垮了奴隶主武装，巩固了民主改革的胜利成果。凉山民主改革的伟大胜利是来之不易的，全州军民为之付出了沉重代价，数以千计的解放军战士和各族群众献出了宝贵生命。

民主改革的胜利，彻底推翻了奴隶制的统治，解放了被残酷压迫剥削的奴隶 40 多万人，其中包括毫无人身自由的锅庄奴隶 4 万多人。许多被拆散的骨肉得到团聚，失去了儿女的父母找到自己的儿女，失去了父母的儿女又回到父母身边。1956 年和 1957 年两年中，政府拨款 120 多万元，帮助他们修建住房，购置生活用具和农具，妥善安置刚解放出来的锅庄奴隶。解放出来的奴隶中，有不少青年和儿童进入民族干部学校和民族小学学习，其中不少人从小学读到大学，成长为国家干部和各种专业人才。还有一些解放出来的青年男女奴隶，自由恋爱结成了伴侣，昭觉县附城区仅 1956 年上半年，就有 80 多对解放了的青年奴隶结婚，建立了幸福的家庭。

民主改革的完成，不仅在政治上、经济上彻底摧毁了奴隶制的统治，而且在上层建筑的思想意识形态方面，也发生了历史性的变化。如阶级观念的加强，家支观念的削弱；民族团结的加强，民族隔阂的消除；新婚姻家庭的出现，对旧婚姻家庭制度的批判；相信科学，反对迷信；等等。

民主改革的伟大胜利，消除了造成凉山社会经济长期停滞不前的根本因素，为经济发展开辟了广阔的前景。1956年，当彝族代表伍精华在中共第八次代表大会上以《从奴隶社会向社会主义飞跃》为题作大会发言时，受到毛泽东主席、周恩来总理等中央领导的赞扬，激起全场代表雷鸣般的掌声。百万翻身奴隶怀着对中国共产党、毛主席无限感激的之情，在各级政府的领导下，在奴隶制的废墟上，开始了社会主义事业的建设。

2012 年凉山州建州 60 周年庆祝大会上的民族歌舞表演

四、民族区域自治

从 1949 年《中国人民政治协商会议共同纲领》将民族区域自治确定为中华人民共和国的一项基本政治制度，到 1984 年《中华人民共和国民族区域自治法》颁布实施，实现政策、制度、法律三位一体，我国的民族区域自治制度不仅巩固了平等、团结、互助、和谐的社会主义民族关系，也为少数民族和民族地区发展奠定了腾飞的基石。

1950 年 3 月西昌解放，12 月建立西昌民主联合政府和西康省西昌区专员公署委员会。1952 年 10 月，党和政府开始了对建立凉山彝族自治区（州级）的宣传和筹备工作。在宣传和筹备过程中，就自治政权的地位、区划、名称、人选及自治区首府等重大问题与彝族及其他民族代表人士进行了认真的、反复的商讨。在取得一致意见的前提下，于 9 月 25 日至 10 月 7 日，在昭觉县召开了凉山具有历史意义的第一届各族各界人民代表会议，出席会议的代表三百多人，大家欢聚一堂，以主人翁的态度共商全区大事。经过充分讨论，大家一致拥护上级人民政府关于建立凉山彝族自治区的决定，认为它具体体现了党的民族平等政策，表达了彝族人民的意愿。经过反复协商与会代表选出了自治区主席、副主席和政府委员，决定了昭觉为自治区首府和其他重大事项。会议 10 月 7 日结束，宣告凉山彝族自治区政府正式成立。1955 年 4 月凉山彝族自治区更名为凉山彝族自治州。

1987 年 4 月 16 日，凉山彝族自治州第五届人民代表大会第二次会议通过了《凉山彝族自治州自治条例》，该条例于 1987 年 7 月 2 日经四川省人大常委会批准后实施。

《凉山彝族自治州自治条例》颁布实施以来，少数民族平等参与国家事务管理、自主管理本民族事务的权利得到充分保障。30 多年来，依据《凉山彝族自治州自治条例》的相关规定，根据不同时期经济社会发展的需要，凉山州制定了《凉山彝族自治州彝族语言文字工作条例》《凉山彝族自治州邛海保护条例》《凉山彝族自治州非物质文化遗产保护条例》《凉山彝族自治州东西河飞机播种林区保护管理条例》《凉山彝族自治州泸沽湖风景名胜区保护条例》《凉山彝族自治州水资源管理条例》等自治条例和单行条例二十余件，逐渐建立起比较完备、独具特色的民族地区法规制度体系，为推动全州社会、经济等各项事业快速发展提供了制度保障。

建设成就篇

彝家新寨里大家手拉手跳着达体舞

中华人民共和国成立 70 多年来，凉山彝族自治州沐浴着党的阳光，在各项惠民强州政策支持下，告别了积贫积弱、走向了繁荣富强。凉山州在改革开放中成长，在探索中前进，在奋斗中谱写华章，在经济建设、政治建设、文化建设、社会建设和生态文明建设以及民族团结创建方面取得了巨大的成就。凉山州各族人民过上了安居乐业、民族团结、文明和谐的美好生活。

一、经济建设

70 年多来，凉山州经济发展突飞猛进，综合实力大幅提升。党的十八大以来，凉山州聚焦脱贫攻坚“头等大事”、转型跨越“第一要务”，深入推进“一干多支、五区协同”“四项拓展、全域开放”等战略部署，大力实施多点多极支撑、“两化”互动城乡统筹、创新驱动“三大发展战略”，一手抓安宁河谷地区率先发展，一

今日彝家新寨

手抓大凉山彝族聚居区和木里藏族聚居区脱贫攻坚、跨越发展，努力走出民族地区改善民生、富民和谐之路，加快建设美丽富饶文明和谐新凉山，在“一步跨千年”的历史上，谱写了“跑步奔小康”的崭新篇章。2019 年，全州地区生产总值 1676.3 亿元，同比净增 119.82 亿元，七年来净增量首次突破百亿。其中第一产业增加值 367.66 亿元、增长 3.3%；第二产业增加值 559.79 亿元、增长 2.1%；第三产业增加值 748.85 亿元、增长 9.7%。三次产业结构比为 21.9：33.4：44.7。财政收支迈上新台阶，实现一般公共预算收入 153.6 亿元、增长 5.1%，高于全省平均水平 1 个百分点；一般公共预算支出创历史新高，达 738.5 亿元、增长 8.4%。全州居民人均可支配收入 20516 元、增长 10.2%，增幅较全国和四川省分别高 1.3、0.2 个百分点。城镇居民人均可支配收入 33044 元，同比增长 8.6%，农村居民人均可支配收入 13908 元，同比增长 10.8%。

发展畜牧业脱贫致富

（一）打赢脱贫攻坚战

由于交通闭塞等多种原因，直到脱贫攻坚战打响前夕，凉山州仍是深度贫困地区之一。全州 17 个县市中 11 个民族聚居县均为深度贫困县，全州建档立卡贫困人口 97.5 万人，2072 个贫困村中就有 1350 个村的贫困发生率在 20%以上，堪称“贫中之贫、困中之困、坚中之坚”。

党的十八大以来，习近平总书记多次讲到凉山深度贫困问题，特别指出，彝族兄弟对中国革命是有重要贡献的，要继续加强政策支持，加大工作力度，确保彝区与全国全省同步实现全面小康。2018 年春节前夕，习近平总书记亲临凉山视察，作出一系列重要指示，“对凉山寄予厚望”。

实施生态扶贫

四川省和凉山州干部群众深入学习贯彻习近平总书记关于扶贫工作的重要论述以及考察凉山的重要指示精神，把脱贫攻坚作为最大的政治责任、最大的民生工程、最大的发展机遇。四川省委、省政府专门出台了 12 个方面 34 条“含金量”颇高的政策措施，派出 11 支综合帮扶工作队，5700 多名党员骨干长期驻扎凉山 11 个深度贫困县的贫困乡镇和贫困村助力脱贫攻坚。与此同时，中央有关部门和广东、浙江两省通过对口支援和东西部扶贫协作机制等模式，也给予了有力支持。四川省内形成了“一对一”的帮扶机制。2019 年，全州减贫 14.2 万人、退出贫困村 318 个，雷波、甘洛、盐源、木里 4 县成功摘帽。截至 2019 年，全州累计减贫 80.5 万人、退出贫困村 1772 个，贫困发生率降至 4%。

凉山州委、州政府根据全国“三区三州”脱贫攻坚、国务院《乌蒙山片区区域发展与扶贫攻坚规划》以及四川省委、省政府“四大片区扶贫攻坚行动”和

木里县牧民新居

大力实施劳动力转移就业"春风行动"，推动贫困劳动力技能培训全覆盖，实施能力扶贫

每年新增财力的 80%，新增一般转移支付及民族地区转移支付、资源有偿出让收益的 50% 用于扶贫开发。图为扶贫羊群

《大小凉山彝族聚居区"十项扶贫工程"》的决策部署，实施"彝族聚居区十项扶贫工程"与"藏族聚居区六大民生工程"，坚持扶贫、教育、禁毒、防艾、倡导现代文明生活方式"五管齐下"，"输血"、"造血"并重。2019 年，金融扶贫贷款余额 282.5 亿元，规模在四川全省排第三，增收能力不断提升。建成林业产业基地 50 万亩、就业扶贫基地和车间 49 个，启动建设 118 个现代农业园区，培育新型农业经营主体 1315 个，推广使用"四川扶贫"公益品牌农产品 190 个，54.2% 的贫困群众通过发展产业脱贫。

扶贫新村

一场场攻坚战，在大凉山的崇山峻岭间铺开。综合扶贫深入，是扶贫攻坚凉山实践的成功经验。许多的典型，让人一路行走一路信心。彝家新寨巨变，是扶贫攻坚凉山实践的生动样本。更多的变化，让人一路行走一路震撼。移风易俗深化，是巩固健康文明新生活运动的成果。生活方式变革，让人倒逼生产方式变革。凉山根据州情，精准扶贫，瞄准特困村特困户，从生产方式到生活方式进行统筹谋划，激发贫困群众自力更生脱贫解困的内生动力。

凉山州以“精准扶贫”为核心，扎实推进倾力帮扶、产业扶持、教育培训、农村危房改造、扶贫生态移民、基础设施、“两不愁三保障”、饮水安全、控辍保学、健康扶贫、住房安全、易地扶贫搬迁、补齐教育医疗短板、禁毒防艾、移风易俗、“学前学会普通话”等重点工作，为深度贫困地区实现脱贫攻坚任务注入强大动力。

凉山州各级各部门特别是领导干部不断提高政治站位，增强政治自觉，坚定

不移以习近平新时代中国特色社会主义思想为引领，集中全部力量，穷尽一切办法，咬定目标使劲干、拼命干，高标准、高质量、高效率做好脱贫攻坚工作。

2018 年 7 月，四川省抽调 5700 多名干部组成的凉山州脱贫攻坚综合帮扶工作队人员全部到岗。他们覆盖 11 个深度贫困县，开展了为期 3 年的脱贫攻坚和综合帮扶工作。

2019 年，凉山州全年投入社会扶贫帮扶资金（物资）207614.56 万元，帮助引进资金 7999.47 万元，实施基础设施建设、劳务培训等帮扶项目 1116 个。彝家新寨建设方面，在彝族聚居区 10 县 302 个村实施彝家新寨住房建设 17046 户。完成 2.3 万户 11.8 万人易地扶贫搬迁住房主体工程，建成彝家新寨 2.1 万户、藏族聚居区新居 1395 户，累计 83% 的贫困群众住上安全新居。建成农村公路 1913 千米，打通了布拖县阿布洛哈村全国最后一条通村路，乡镇、建制村通畅率均达 100%，新增 95 个乡镇 1310 个村通客运班车，所有建制村直接通邮。

实施产业扶贫，凉山州狠抓产业就业，加快各类农特产品加工贸易园区等园区建设，因地制宜发展生态林业产业、“果薯蔬草药”特色优质农牧产业

新村、新居、新产业、新农民、新生活“五新一体”，产业拉动，产村相融，龙头带动

狠抓项目建设，借助各方面帮扶力量，统筹各部门专业力量，以县为单位进行脱贫攻坚工作。图为向贫困彝居赠送钢制家具类“四件套”

贫困户饮水安全、生活用电、广播电视达标率均达96%以上。图为基础设施建设扶贫

“幸福是奋斗出来的，脱贫攻坚是干出来的，滴水能够穿石，努力才能过上好日子！”图为德昌烤烟复烤厂生产线上工人们正在忙碌着

州委、州政府主要领导既挂帅又出征，全体州级领导分片包村联系督导，100 多个州级单位结对帮扶所有贫困村，全州 2072 支驻村工作队、2497 名第一书记、280 名禁毒防艾和计生专职副书记、1 万多名帮扶干部扎根一线，推动脱贫攻坚工作

昔日民居房

今日新农村

宁南彝家新寨里的幸福生活

彝家新寨展新颜

美丽西河新村

道路干净整洁

中央纪委、国家档案局等 9 个国家机关、广东佛山、浙江湖州与凉山的东西扶贫协作增资拓面，108 个省级单位在凉山的定点扶贫，四川省绵竹、江油等 11 个市区对口帮扶凉山 11 个深度贫困县的一大批社会扶贫工作开展得有声有色，扶贫力度空前。佛山扶贫协作工作组、“学前学会普通话”行动项目组荣获全国脱贫攻坚组织创新奖，7 人受到国家、省表彰。

新村里道路四通八达，并安上了太阳能路灯

三峡集团帮扶工作平稳推进，2018 年度捐赠资金 35000 万元，建成三峡新村 20 个、安全住房 1309 户，住房功能改造 182 户、危房改造 214 户，建设道路 358 千米，完成基础设施项目 52 个、公共服务设施项目 26 个。

凉山州“6+9”对口帮扶工作成效明显，安宁河流域 6 县（市）向 11 个深度贫困县派出第一书记、驻村帮扶队长 313 名，投入帮扶资金 2111 万元；146 个州级单位投入帮扶资金（含以物折资）4344 万元，1468 个县级单位和社会团体投入资金（含以物折资）7286 万元；凉山烟草筹集扶贫资金 11561 万元，帮扶工作逐步形成长效机制。

喜搬新家，寨子里欢歌起舞

从 2016 年春季开学起，四川凉山彝族自治州实施 15 年免费教育，全面免除 3 年幼儿教育保育费和 3 年普通高中学费并免费提供教科书

木里县鸭咀牧区小学的老师、家长和学生为有自己的新学校而高兴

会理石榴喜获丰收，果农们正在装箱

会东桑园里工作的姑娘

烤烟大丰收

邛海开海捕鱼，渔民靠捕鱼过上幸福生活

脱贫后的昭觉县燕子洛村

越西县的美丽新村掩映在青山之中

甘洛县吉米镇色达村彝家新寨

安哈镇彝家新寨里家家户户梨花开

全国重要的钒钛钢铁原材料工业基地——攀钢西昌钒钛钢铁资源综合利用项目于 2014 年 5 月全面建成投产，年产钒渣 22 万吨、钢 400 万吨、冷轧板材 210 万吨

（二）基础设施建设

在凉山，消除贫困、改善民生的过程，也是基础设施不断改善的过程。伴随着脱贫攻坚的号角，山里的路通了，老百姓能更便捷地走出世代居住的大山，种植的作物、养殖的牲畜也能更方便地换成钱了；村里的百姓逐步用上了稳定、安全的电能，山里的夜晚不再是一片漆黑；凉山实现了全州行政村 100% 网络覆盖，网络成为了连接山里山外的桥梁。

这些基础设施的变化，在凉山留下了清晰的印记。

1. 能源

凉山地处著名的攀西裂谷成矿带，矿产资源十分丰富，具有品位高、埋藏浅、采选条件好、综合利用价值高的优点，是建设综合性大型钢铁集团，有色金属、稀土等原材料基地的最佳地区，被誉为“天然地质博物馆”“中国的乌拉尔”“川西南的聚宝盆”。现已探明矿种 103 种，有相当储量的达 60 种。在全州的矿产资源中，重要优势矿产有钒钛磁铁矿、富铁矿、铜矿、铅锌矿、锡矿、稀土矿等；潜在优势矿产有金红石、金、银、石材、高岭土、硅藻土等。其中钒钛磁铁矿探明储量 13.73 亿吨；富铁矿保有储量 4985.8 万吨；铜矿保有金属量 135.17 万吨；铅矿保有金属量 78.85 万吨；锌矿保有金属量 267.04 万吨；锡矿金属储量 4 万吨；轻稀土保有稀土氧化物总量 103.06 万吨。

全国重要的稀土新材料生产基地——江铜稀土精矿采选及稀土合金冶炼项目年产混合稀土金属1000吨、镨钕金属1000吨

四川有色金属材料生产基地——会理昆鸣有限公司年产阳极铜10万吨、硫酸32万吨，是四川最大、全国第三大铜冶炼企业

四川磷化工产业基地——南波研化工产业园年产磷铵160万吨，黄磷5万吨

冕宁稀土工业园——江西铜业稀土冶炼厂生产线

宁南茧丝工业园——南丝路集团公司生产车间

会理有色工业园——凉山矿业有限公司选矿车间

通乡公路

雅西高速，经雅安雨城区及荥经、汉源、石棉县，止于凉山彝族自治州冕宁县泸沽镇，总投资约206亿元。2007年动工，2012年4月全线通车

2. 交通

要脱贫，先修路。党的十八大以来，四川省委、省政府提出“脱贫攻坚、交通先行”，一条条通村公路修到了四川各地的山村里。想要富先修路，要快富修好路。凉山始终将交通建设作为脱贫攻坚的标志性、引领性、支撑性工程，深入实施“交通先行”战略，一大批交通基础设施建成投入使用，有力促进了凉山州经济社会快速发展。2013年，凉山第一轮“凉推”建设启动，凉山州国省干线公路建设进入飞跃发展时期。2016年第一轮“凉推”圆满收官，全州累计完成国省干线公路投资76.7亿元，建成路面738.5千米，州府西昌至各县市主通道畅通目标

西昌青山机场是西南地区一流的支线机场

基本实现。2016 年第二轮“凉推”建设启动，高速公路取得突破性进展。全州高速公路规划和拟纳入规划项目共 16 个，其中已纳入规划的 11 个项目共 1331 千米投资 2570 亿元。截至 2019 年底，凉山州公路总里程已突破 2.7 万千米，实现了全州所有乡镇通油路、建制村通硬化路“两个 100%”目标。乡镇、建制村客运通达率分别达到 97.8%、98.4%。另有 4 条高速公路正在加紧建设，3 条高速公路正在开展前期筹备工作。2019 年，第三轮“凉推”建设正式启动，三轮“凉推”实施完成后，凉山彝族自治州将实现高速公路“四向拓展”大通道加快形成，国省干线公路提档升级，农村公路网络完善，汽车客运站场三级体系初步形成，广大农牧民出行将更加便捷。

2020 年 1 月 9 日上午，随着 D793 次动车组列车从四川攀枝花南站缓缓驶出，成昆铁路复线攀枝花至昆明段开通运营，两地间铁路运行时间最快 2 小时 07 分可达，美丽的大凉山从此步入“高铁时代”。

凉山州加快推进机场项目建设。完成西昌青山机场改扩建，力争早日建成口岸机场；加快推进会东县、甘洛县运输机场和盐源县、昭觉县通用机场前期工作，以满足开工建设条件；启动木里县、雷波县、冕宁县、宁南县通用机场前期研究工作。

全国最大清洁能源基地——金沙江溪洛渡水电站2014年6月建成投产

3. 水利

凉山境内江河众多，有金沙江、雅砻江、大渡河三大水系，大中小河流262条。流域面积在100平方千米以上的河流148条，流域面积大于1000平方千米的有11条；流域面积大于500平方千米以上的河流有11条。

凉山州水能资源极其丰富，是全国最大的水能“富矿区”，平均每平方千米可产电量337万千瓦，是世界平均水平的48倍，全国平均水平的17倍，比世界水能资源密集度最大的瑞士还大4.4倍。凉山水能蕴藏量达7100万千瓦，水能资源技术可开发量达5800万千瓦，占四川的57%，占全国水能资源能量15%，可开发量为4852万千瓦。流经大小凉山的金沙江、雅砻江、大渡河及其支流，流量大、落差大，为水电建设提供了良好的条件，是“西电东送”的重要基地。

拥有 305 米世界最高拱坝的雅砻江锦屏一级水电站 2014 年 7 月全面投产

凉山州水利建设事业发展迅猛。围绕打造四川南向大通道和实现“全面灌溉”目标，陆续开工建设了大桥水库灌区二期、龙塘水库及灌区、和平水库等大中型水库工程，规划了米市水库、两岔河水库、横山水库等水利工程，全州骨干水利工程“三大七中”有序推进。

国家在“三江”上规划的 14 座大型水电站中有 10 座在凉山州境内或界河上。金沙江上有雷波县的溪洛渡水电站（1260 万千瓦）、会东县的乌东德水电

溪洛渡水电站大坝工程浩大壮观

站（740万千瓦）、宁南县的白鹤滩水电站（1200万千瓦）等3座，大渡河上有甘洛县和汉源县共界的瀑布沟水电站（330万千瓦）1座，雅砻江上有盐源县的锦屏一级水电站、锦屏二级水电站（680万千瓦）、木里县的杨房沟水电站（220万千瓦）、西昌市和盐源县共界的官地水电站（180万千瓦）、木里县卡拉水电站（110万千瓦）等5座。

德昌安宁河谷风电场总装机 55 万千瓦

4. 电力

电力设施作为重要的基础设施，是许多扶贫攻坚项目的前提和保障，更是老百姓摆脱贫困的必要条件。凉山群众，特别是贫困群众用电环境，伴随脱贫攻坚的步伐，得到了改善。2013 年，国家能源局制定了《全面解决无电人口用电问题 3 年行动计划（2013—2015 年）》，得益于该行动计划的实施，凉山消灭了“无电村”；2018 年，国家能源局在相关省份行动计划基础上，编制了“三区三州”农网改造升级攻坚三年行动计划（2018—2020 年），为“三区三州”顺利脱贫提供基本的电力保障。在此基础上，为保障深度贫困地区的可靠供电，四川启动了“三区两州”深度贫困地区电网建设，国网凉山供电公司全力推进“三区两州”深度贫困地区电网建设，制定了深度贫困地区电网建设 2018—2020 年“三年攻坚计划”。一个接一个的行动计划带来的是凉山用电环境的深刻变化。

会东风电场总装机 75 万千瓦

近年来，凉山风电资源开发力度不断加大。截至 2014 年 6 月，全州风电已建成装机 10.95 万千瓦、在建 12 座 59.25 万千瓦，正在加快前期工作的 30 座 207.9 万千瓦。德昌安宁河谷风电场一期示范工程、阿月风电场、李家坝风电场已建成投产，会东拉马、鲁南等 10 余个乡风电场正加快建设。

成都·大凉山农特产品加工贸易园区

（三）农业经济

凉山州大力实施现代农业发展战略，突出基地建设和品牌创建，推进农业跨越发展，促进农民持续增收。

凉山大力发展特色园区，生态功能区建设有序推进，围绕脱贫攻坚和生态功能区建设，积极培育建设“1+2+3+N”的凉山农特产品加工体系，建设攀西现代农业产业融合示范园区。“1”是指成都·大凉山农特产品加工贸易园，“2”是指西昌成都·凉山工业园区和德昌攀西农特产品加工园区，“3”是指昭觉现代农业产业融合发展示范园、越西现代农业产业融合发展示范园和盐源现代农业产业融合发展示范园，“N”是指各县结合自身实际建设的现代农业产业融合发展示范集中区。在全州构建特色鲜明、绿色健康、层次分明的现代农特产业加工园区体系，

凉山农特产品专卖连锁店

促进一二三产业融合发展，进一步发挥农产品加工业对农业农村产业发展的带动引领作用，实现脱贫奔小康和乡村振兴。

好医生系列药品、豪吉鸡精系列调味品、南丝路系列茧丝产品、凉山苦荞加工系列产品等一批"凉山造"成为区域特色品牌和四川名牌，农产品加工产业由初加工向精深加工转变。2019 年，农业农村经济稳中有进，实现农业增加值 367.7 亿元、增长 3.3%，增速四川省第二。粮食总产量 245.2 万吨，马铃薯、烟叶产量稳居四川省第一。

凉山气候类型多样，光热资源富集。这里年温差小、光合效率高，农作物优质高产，特色农产品在国家和省级评优、认证中受到好评，多种农产品获无公害、绿色食品和有机食品认证；茧丝、花卉、苦荞、马铃薯、石榴、青花椒、苹果、脐橙等一大批全国知名绿色特色品牌享誉省内外。安宁河谷平原被誉为"川南粮仓"，是国家和四川省农业综合开发的重点地区。

2010 年，凉山州出台了《关于深入实施品牌战略的意见》，制定"大凉山农产品"品牌目录，打造凉山绿色特色品牌。2013 年，凉山州"大凉山"农产品品牌建设会议提出，全面使用"大凉山"特色农产品区域公共品牌，真正叫响"大凉山"品牌。同时，凉山州以品牌建设为契机，推动产业上规模、产品上质量、经营上水平，促进传统农业向现代农业转变、农业大州向农业强州跨越。从2017年至2020年，凉山州还实施了“大凉山”特色农产品品牌建设，以推进农业供给侧结构性改革为引领，以优化供给、提质增效、农民增收为目标，建立品牌创建长效机制，做大做响“大凉山”特色农产品品牌，全面提升品牌建设水平，推进农业资源优势向资本优势、产业优势和品牌优势转变。截至2020年，凉山州获准使用“大凉山”特色农产品品牌及“三品一标”认证145个，获国家、省级及全国性行业协会、农产品博览会等颁发的各种荣誉称号270多项。“大凉山”特色农产品品牌建设取得了丰硕成果，带动了广大农民脱贫致富。

凉山州积极融入成渝地区双城经济圈建设，提出“一通道、四基地、一屏障”的发展思路。其中的一个“基地”就是建设优质农产品供应基地，抓好优质粮油、马铃薯、苦荞、烟草、蚕桑、畜牧、水果等特色产业发展，打造全国知名的现代特色农业产业示范区，丰富成渝地区的“菜篮子”“米袋子”“果盘子”。在深入推进“大凉山”农产品品牌建设过程中，大凉山苦荞、金阳青花椒、会理石榴、会东华山松籽、德昌桑葚等农特产品声名鹊起，远销各地，部分农产品还走出国门，深受海外消费者喜爱。

会理石榴　会理石榴栽培历史悠久，以风味独特、品质优良而久负盛名。会理是全国八大石榴主产区规模最大、品质最高的种植区域，有“中国石榴之乡”的美称。2019年，会理石榴的种植面积占四川省石榴种植面积的92%、全国的26%，石榴果品产量达70万吨，实现综合产值50亿元，其中果农收入34亿元。

会东华山松籽　会东是中国华山松种植第一大县，境内高原、山地立体气候明显，农业特色产业发展势头良好。其中，会东华山松籽颗粒均匀、光滑饱满，是国家地理标志保护产品。2020年会东县70万亩华山松产出松籽700多万斤，林农收入达1.4亿元。

金阳青花椒　金阳青花椒种植历史久远，早在唐宋年间就有人栽种。金阳“一山有四季，十里不同天”的立体气候，孕育了独特的金阳青花椒，其特有的色、香、味，在中国的花椒产品中独具一格，是国家地理标志保护产品。

德昌桑葚　德昌桑葚果实饱满，味甜多汁，甘美醇厚，先后获得凉山州优质农产品、四川省优良桑葚品种品质产品、国际农产品博览会最畅销产品、国家地

大凉山烟叶生产车间

大凉山雷波脐橙

理标志保护产品等称号。2020 年，德昌种植桑葚 7 万亩，产量达 10 万吨。

凉山桑蚕茧　凉山具有发展茧丝产业得天独厚的自然资源和良好的发展环境，2013 年被中国丝绸协会授予“中国茧丝之都”称号。宁南是四川省茧丝第一大县，也是“中国蚕桑之乡”，有桑园面积 23.5 万亩，全县蚕桑产业总产值达 28 亿元。产出的生丝中，有三成以上出口到法国、意大利等国，六成多发往浙江、江苏等地。

盐源苹果　盐源苹果是国家地理标志保护产品，皮薄、肉嫩、果大、色鲜、味美、无污染。盐源是世界公认的 7 项生态指标都符合苹果优生的区域。2020 年，盐源苹果种植面积和产量分别占四川省苹果栽培面积和产量的 65% 和 75%，从业人员为 9.68 万人。

雷波脐橙　雷波脐橙是国家地理标志保护产品，因果大整齐、肉质脆嫩、味甜汁多、香味浓郁而深受欢迎。目前雷波县共种植脐橙 2.57 万亩，年产值 3.46 亿元，主产区果农每户年均收入达 5 万元。

凉山苦荞麦　凉山是“中国苦荞之都”，苦荞种植面积 100 万亩以上，总产量 14 万吨，带动农民增收 5 亿元以上。

凉山“清甜香”烟叶　凉山是全国市州级规模第二、质量优越、特色鲜明的优质烟叶产区，被评为全国首家烤烟标准化生产示范州，是全国重要的战略性优质烟叶基地。大凉山“清甜香”烟叶获得全国质量评比“三最”评价，被授予“国家地理标志保护产品”“四川省名牌产品”等称号。烟草产业年上缴利税 40 亿元以上，助力 30 余万群众脱贫致富，是凉山“烟农增收离不得、脱贫攻坚缺不得、乡村振兴少不得”的重要支柱产业。

西昌钒钛工业园区

（四）工业经济

凉山州坚持工业强州、创新驱动，发展优势特色集群，保持工业经济稳定增长。创新的关键，就是坚持绿色发展，通过结构调整、提质增效，促进产业优化升级，依靠科技创新，加快发展战略性新兴产业，培育经济增长新动力，逐步推进动力切换，抢占产业未来发展制高点。2019 年，凉山州西昌钒钛产业园区、冕宁稀土经济开发区、德昌特色产业园区、会理有色产业经济开发区等 4 个产业园区成功申报四川省级开发区，改写了凉山州无省级开发区的历史。

四川西昌钒钛产业园区　西昌钒钛产业园区距西昌城区 20 千米，以钒钛钢铁、新材料、装备制造为主导产业，是 4 个获批园区中面积最大的。西昌钒钛产业园区是四川省第一批循环产业示范园区、四川省新型工业化产业示范基地、攀西战略资源创新开发试验区核心园区，被纳入四川省产业园区“51025”发展计划。园区重点发展钒钛综合利用、钢铁新材料、高端装备制造等产业，形成了以西昌钢钒为龙头的钒钛钢铁产业集群。其中有国内建设速度最快的冷轧生产线——西昌钢钒冷轧项目。该项目是凉山州推动资源就地转化、精深加工、链条延伸的重点项目。产品主要包括超低碳软钢和高强度钢，具有高表面质量、高精度、高强

四川冕宁稀土经济开发区

度等优良特性。主要定位于高质量汽车面板、高强度汽车板及高档家电板等产业。

四川冕宁稀土经济开发区　冕宁稀土经济开发区以稀土、建材为主导产业，是凉山重要的稀土开发聚集区，分为稀土及伴生矿标准化采选区、稀土及伴生矿应用深加工区和辅助产业发展区，重点生产氧化镧、氧化铈、氧化镨钕、钐铕钆

四川德昌特色产业园区

四川会理有色产业经济开发区

富集物、富铈渣、金属镧、金属镨钕等产品。同时推动稀土产业技术研发与产品设计，培育稀土产业链的关联产业、配套产业，实现由“稀土开采”向“稀土制造”跨越，打造完整的稀土产业链和产业集群以及国内重要的稀土产品生产制造基地。2019 年，投资 1.7 亿元的江铜稀土年产 2000 吨永磁体项目主体建成；2019 年，第一期投资 3 亿元的年产万吨稀土金属及应用产品项目建成投产。

四川德昌特色产业园区　德昌特色产业园区位于德昌县，以装备制造、稀土、钒钛为主导产业。园区依托攀西国家级战略资源创新开发试验区建设，形成了以东方电气（凉山）分公司、中水四局塔筒项目为龙头的风电装备制造产业链，以志能稀土有限公司等优势企业为代表的稀土精深加工产业链。目前，风电叶片、风电主机等均实现本地生产，凉山风电产业已经走出了一条从依赖资源到发展装备制造的新路子。凉山州风电技术可开发量约 1500 万千瓦，在四川德昌特色产业园区的带动下，从 2016 年开始，风电主机和叶片全部实现了“凉山造”。

四川会理有色产业经济开发区　会理有色产业经济开发区以有色金属为主导产业，设立地点在会理县，核准面积为 100.39 公顷。经过十多年的发展，开发区已形成铜镍、铅锌、钒钛等有色金属产业链，为打造完整有色金属产业链和产业集群以及全国重要的有色金属生产基地奠定了坚实基础。

西昌旅游集散服务中心

（五）服务业经济

近年来，凉山州坚持稳中求进工作总基调，认真践行新发展理念，深入推进供给侧结构性改革，紧盯“四大支柱型产业转型升级、四大成长型产业做大做强”，深入实施“八大行业提升工程”，着力构建具有凉山特色的现代服务业体系，着力完善区域协同发展新格局，加快建成现代服务业强州。2019 年，凉山州服务业得到较快发展，实现服务业增加值 748.9 亿元，增长 9.7%，增速位列四川省第三。社会消费品零售总额 715.5 亿元，增长 10.1%。旅游总收入达 530.2 亿元，增长 21.4%。

（六）开发开放 招商引资

党的十八大以来，凉山州委、州政府紧紧抓住全面开发开放、跨越式发展的战略机遇期，坚定不移地实施“开放兴州”战略，招商引资成为经济工作的“生命线”。凉山州委成立了以州委书记为第一组长、州长为组长的凉山州投资促进工作领导小组，下设农业、工业、交通等 11 个产业招商组。同时，州委、州政府分管经济工作的领导和州人大常委会、州政协联系经济工作的领导全部进入领导小组。在健全机构、加强领导的基础上，凉山制定出台了一系列政策，以最有力的举措强化制度保障。

凉山州招商引资推介会

凉山产品推介会现场

2015年，凉山创新政策举措，制定实施了投资促进和招商引资“双十条”——《凉山州人民政府关于加强和改进投资促进工作的意见》《凉山州人民政府办公室关于印发凉山州精准招商与投资促进优惠办法的通知》，对精准招商的20个重大问题作出明确规定，包括加大对新引进重点项目的支持力度、保障重点项目用地、降低引进项目融资用电成本等方面。

2016年，凉山出台《关于发挥资本市场作用服务凉山州脱贫攻坚八条政策措施》，简称“金融八条”。这是凉山州改善投资环境、发挥资本市场作用，服务凉山脱贫攻坚的又一有力政策。

近年来，凉山有关部门上成都、到重庆、奔兰州、赴拉萨，举办大凉山招商推介会。五彩凉山，正以全新的开放姿态，让世界认识凉山、了解凉山、爱上凉山，继而投资凉山。凉山，站在川西南对外开放合作前沿，正在奋力建设四川南向开放“桥头堡”和民族地区开放合作新高地。

凉山州党的群众路线教育实践活动工作会议

二、政治建设

党的十八大以来，凉山州委以习近平新时代中国特色社会主义思想为指引，以政治建设为统领，不断提高政治站位，自觉把思想和行动统一到中央从严治党的新要求、新部署上来，忠诚履行党章赋予的职责，进一步严明政治纪律和政治规矩，深入推进纪律检查体制改革，旗帜鲜明支持和加强纪检监察机关工作，不断取得党风廉政建设和反腐败工作新成效，为凉山追赶跨越发展、同步全面小康建设营造良好的政治生态。

坚持依规治党、从严治党，始终把纪律和规矩挺在前面。坚守政治定力，强化“四个意识”，在任何时候任何情况下始终在思想上行动上与党中央保持高度一致。严格落实管党治党政治责任，鲜明“严守政治纪律不分民族、严明政治规矩不讲特殊、严惩违纪违法不能例外”的纪律要求，把党规党纪的权威树起来、立起来，执行到位。

坚持有贪必肃、保持高压，持续形成反腐败斗争压倒性态势。坚决落实“四个一批”要求，把扶贫领域执纪监督作为重点，着力解决发生在群众身边的腐败问题，切实维护好群众切身利益，以反腐实际成效取信于民。突出抓好州县换届监督执纪工作，认真落实“九个严禁、九个一律”要求，严把选人用人关，着力

民族乡镇普遍成立"苏施"（优秀青年人才）党支部

选出好班子、换出好风气、调出好状态，凝聚起决战脱贫攻坚、决胜全面小康的强大力量。

坚持严抓细纠、久久为功，把作风建设一以贯之抓到底。牢固树立"作风建设永远在路上"的思想认识，不折不扣执行中央"八项规定"精神和省州"十项规定"，持续用力抓好突出问题专项整治，坚决避免"四风"问题反弹回潮，引领和推动党风、政风、社风持续好转。

坚持标本兼治、综合治理，加快构建不敢腐、不能腐、不想腐的体制机制。严肃党内政治生活，认真落实民主集中制，完善党内监督制度，坚持"三在先"，把管党治党的责任严格落实到日常教育、管理、监督之中。加强重点领域和关键环节制度建设，扎紧织密制度笼子，确保权力在阳光下运行。认真贯彻《中国共产党问责条例》，真管真严、敢管敢严、长管长严，大力营造敢于担当、干净干事的良好氛围。

2016年以来，凉山州委以街道管理体制改革、社区工作者职业体系和城市基层党组织标准化规范化建设为突破口，构建区域统筹、条块协同、上下联动、共建共享的城市基层党建工作新格局。

凉山州委坚持以党的建设为引领，以群众需求为导向，以深化改革为动力，紧扣脱贫攻坚、转型发展大局，立足民族地区实际，着力补短板、强弱项，建机

包村党员干部与群众交心谈心

制、创示范，城市基层党组织政治功能进一步发挥，组织力、战斗力不断增强，基层治理能力和服务水平持续提升，群众获得感和满意度明显提高。截至 2017 年初，凉山州建立街道“大工委”11 个、社区“大党委”108 个，649 名驻区单位党组织负责人、片区党员民警、业主委员会党员负责人等担任兼职委员，为街道社区发展治理、服务群众献策出力。推行社区网格化管理，建立网格党组织 263 个。探索开展居民小区党建工作，建立居民小区党组织 6 个，初步形成“街道党工委、社区党支部、居民小区党小组”的党建工作体系。

2018 年 5 月，凉山州委开展村党支部书记全覆盖轮训，深入学习习近平新时代中国特色社会主义思想及党的十九大精神，根据 11 个深度贫困县和安宁河流域县市经济社会发展的不同特点，用 1 年时间，分 8 期对 3200 名村党支部书记开展每次为期 5 天的集中培训，全面提升村党支部书记推动脱贫攻坚和转型跨越能力。

2020 年 11 月 18 日，四川长征干部学院凉山彝海结盟分院揭牌仪式在西昌市举行，标志着凉山州全面融入四川长征干部学院“1 个总部 +5 个分院”的总体布局。凉山彝海结盟分院作为抓好干部教育培训、助推基层党建和经济社会发展的重要基地，始终坚持正确办学方向，打造新时代思想理论建设阵地；坚持目标导向，构建新时代特色办学格局；坚持服务大局，把准新时代干部培训主题，为建设具有全国影响力的一流干部学院贡献“凉山力量”。

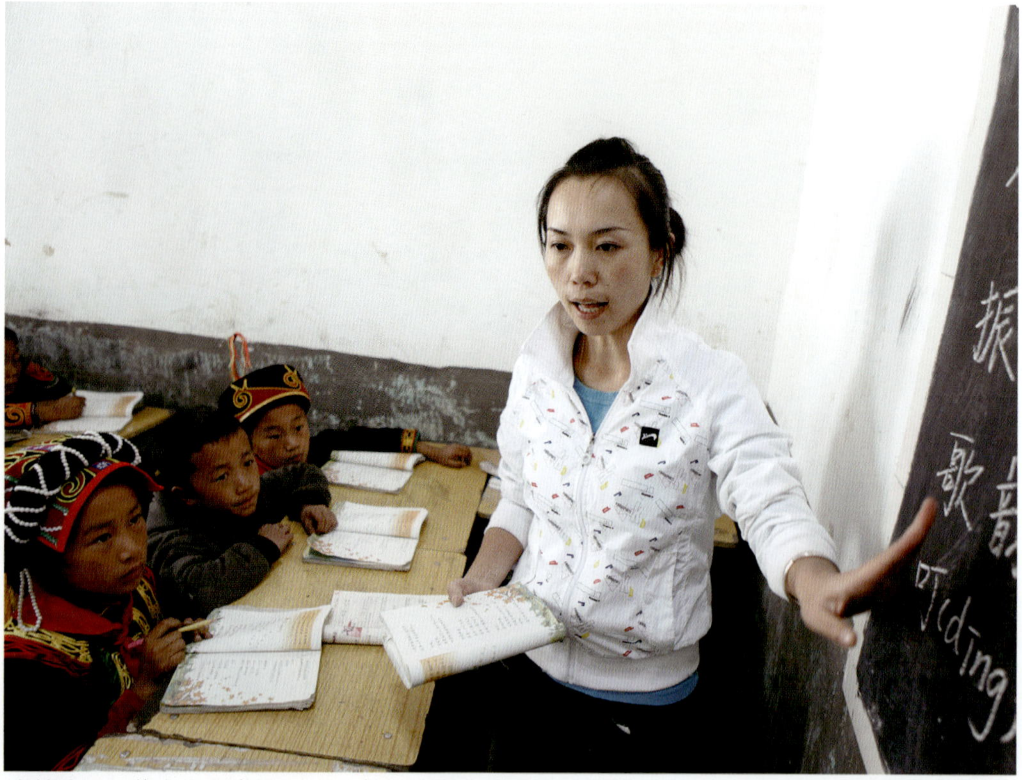

马剑霞——第十七届中国“五四青年”奖章获得者、全国“三八红旗手”、最美山村女教师

王顺友——全国“五一劳动”奖章获得者、全国劳动模范、全国邮政劳动模范、“感动中国”2005年度人物

大型演出《火舞欢腾》

三、文化建设

凉山州立足民族文化资源优势，加快公共文化服务体系建设，大力发展文化事业和文化产业，不断丰富人民群众精神文化生活，推动民族文化资源大州向文化强州转变。文化基础设施日益完善，文化品牌建设取得显著成效，文物保护利用不断加强，民族文化遗产得到有效抢救和保护，广播电视事业发展显著提升，民族文艺演出事业蓬勃发展，学前教育、义务教育、职业教育均衡发展，体育事业迈向新阶段。人民对文化生活需求的满意度不断提升。文明健康、和谐安定、团结向上的凉山正一步步向我们走来。

村民在新建成的农村书屋里快乐地读书

（一）文化基础设施日益完善，公共服务水平不断提高

凉山州文化基础设施建设稳步推进，文化设施愈加完善。截至2019年底，全州有公共图书馆18个，藏书量131.77万册；文化馆18个，乡镇文化站473个；博物馆7个，文物保护机构16个。全州各级文化馆（站、所）、图书馆（室）、博物馆全部免费开放。各行政村和部分社区已有3761个农家书屋建成投用，实现了行政村农家书屋全覆盖。

凉山彝族自治州图书馆

凉山彝族自治州图书馆于 1992 年 10 月 1 日建成，是凉山州建州 40 周年献礼工程。图书馆占地 7758 平方米，建筑面积 7538 平方米，总投资 600 余万元，藏书 24 万余册。实行公共图书馆和彝文图书馆两块牌子、一套班子的建制，是四川省科普教育基地、四川省文化信息资源共享工程分中心、凉山州文明服务行业示范窗口、凉山州巾帼文明示范单位。由凉山州文化广电新闻出版局主管。

凉山彝族奴隶社会博物馆

凉山彝族奴隶社会博物馆位于西昌市东南部，1985 年 8 月 4 日建成开放，是中国民族学专题博物馆，也是世界上唯一反映奴隶社会形态的专题博物馆。博物馆占地 45 亩，总建筑面积 5000 平方米。主体建筑采用红、黄、黑三种彝族绘画的传统色彩，绘以日、月、山、水、羊角、鸟羽、火镰、鱼网等图案。博物馆陈列分三大部分：富饶美丽的凉山、历史悠久的民族；民主改革前的凉山彝族奴隶社会；伟大的民主改革。用实物、文字、图片资料等形式向观众展示了彝族奴隶社会的政治、经济、历史、宗教、文学艺术、风俗习惯等，在历史学、人类学、社会学、民族学等方面具有很高的研究价值，被誉为“专题博物馆的典范”。

摩梭博物馆

摩梭博物馆位于泸沽湖镇博树村，是中国乃至世界唯一系统展示摩梭历史文化与民俗风情的专题博物馆。整个博物馆占地面积 15 亩，建筑面积 4500 平方米，融合了摩梭传统四合院风格。馆内共有展陈文物 825 件（套），其中珍贵文物 400 多件（套），图片 300 余幅。

西昌上山下乡知识青年博物馆

西昌上山下乡知识青年博物馆位于西昌市月华乡，原为四川省青年农场（是四川省当年最大的知青农场），该农场于 1965 年规划选点，1966 年元月下旬开始有知青入住。现完整保存当年所建窑洞 16 孔，是目前保存完整、规模较大的知青农场。

会理县红军长征纪念馆

会理县红军长征纪念馆位于凉山州会理县，建筑面积2070平方米，属专题性纪念馆，专门举办“中央红军过会理纪念展”，展览以毛泽东同志的著名诗句“金沙水拍云崖暖”为主题，采用图文并茂、实物陈列、文物复制、场景复原以及多媒体影像等陈列方式进行展出，其中图片150余幅，实物近百件，场景4个，文字说明3.6万余字，用六个篇章着重介绍中央红军长征中发生的重大历史事件和在会理期间的主要活动，以此缅怀为中华人民共和国的建立历尽艰辛、抛洒热血的红军战士和老一辈无产阶级革命家的丰功伟绩。是四川省政法委主题教育实践基地、凉山州爱国主义教育基地、凉山州廉政教育基地。

会理会议简介
1935年5月3日晚至9日，中国工农红军一方面军主力，在川滇交界的皎平渡口，巧渡金沙江，进入四
移中具有决定意义的胜利，赢得了在会理短暂休整的时机。为了总结遵义会议以来的战略方针，统一领
召开了入川后的第一次中央政治局扩大会议，史称“会理会议”。参加会议的人员有中央政治局委员：
治局候补委员：王稼祥、邓发、何克全（凯丰）；一军团负责人：林彪、聂荣臻；三军团负责人：彭德
会理会议的主要内容是：总结遵义会议以来的战略方针，纠正从四渡赤水到巧渡金沙江期间，红军领
方面军靠拢，建立川陕甘根据地。会议还任命刘伯承、聂荣臻为先遣队司令和政委，利用他们在川军中
会理会议是继遵义会议之后又一次重要的中央政治局扩大会议，巩固了遵义会议的成果，肯定了遵义
实现一、四方面军在川西北的胜利会师，起到了十分重要的作用。
红军先辈寄望。
为继先辈之志，承先辈伟业，育爱国情怀，特立碑于此，以启迪来者，激励苍生，昭示后人，使长征之精神，世代相传，发扬光大，永垂不朽。
中共会理县委
会理县人民政府
二〇〇八年十月立
会理会议纪念碑

会理会议纪念碑
碑记
公元一九三五年五月，中国工农红军在皎平渡巧渡金沙江，千军万马由滇入川，革命烈火燎原红土，佯攻古城威震敌胆，会理会议永载史册。
时至今日，天翻地覆，百业兴旺，万象更新，攀西崛起新会理，

凉山民族文化艺术中心

凉山民族文化艺术中心位于西昌市凉山民族文化公园内“火把广场”东侧，是凉山州人民政府实施文化惠民行动和民族文化强州战略、推动社会主义文化大繁荣大发展的公益性文化事业单位，占地 253.82 亩，投资 3.78 亿。由中国工程院院士、国家级设计大师崔恺规划设计，是中国西部独具魅力的城市标志性文化景观建筑。凉山民族文化艺术中心是大凉山民族民俗文化活动和群众文化休闲娱乐的中心，是国家文化产业示范基地——凉山文广传媒集团重要的工作基地，是大凉山民族文化传播和旅游观光重要的综合运营平台。

火把节赛马表演

（二）民族文化遗产抢救和保护不断加强

作为完整保留中国彝族北部方言的圣乍、义诺、阿都、所地等四大彝族土语的核心文化区，凉山非物质文化资源包括民族语言、民间文学、传统美术、传统音乐、传统舞蹈、戏曲、曲艺、民间手工技艺、生产商贸习俗、消费习俗、人生礼俗、岁时节令、民间信仰、民间知识、游艺、传统体育与竞技等 16 大类 160 多子项，几乎涵盖了非物质文化遗产各个领域。近年来，凉山州通过立法形式保护各民族文化，取得了显著的成绩。截至 2019 年底，凉山州编写出版《凉山州非物质文化遗产名录丛书》(1–7 辑)，完成国家、省、州、县“四级非遗名录”建设，现有国家级非遗代表性项目 18 项，国家级非遗生产性保护基地 1 个，中国档案文献遗产 1 项，省级非遗代表性项目 111 项，州级非遗代表性项目 279 项，县级非遗代表性项目 1209 项。“彝族火把节”和“彝族漆器艺术”已申报联合国教科文组织“人类非物质文化遗产”。

彝族火把节

彝族火把节　彝族火把节是彝族地区的传统节日，也是彝族人民有着悠久历史的盛大节日。每年农历六月举行，历时 3 天，流行于云南、贵州、四川等彝族地区。在凉山盛行此节的主要是西南部的所地土语区各支系地区，如布拖、普格、宁南等县。火把节的活动主要有三项：一是杀牲以酒肉敬拜祖先，以美食欢庆节日；二是白天举行斗牛、斗羊、斗鸡、赛马、摔跤等娱乐活动；三是夜间打火把游于山岗田野，或三五成群，或众人一起，火光满山遍野，非常壮观。

2006 年 5 月 20 日，彝族火把节经国务院批准列入第一批国家级非物质文化遗产名录。在中国少数民族传统节日中，彝族火把节享有“中国民族风情第一节”“东方狂欢夜”的美誉。2019 年 11 月，《国家级非物质文化遗产代表性项目保护单位名单》公布，云南楚雄彝族自治州文化馆、贵州赫章县文化馆、四川凉山彝族自治州非物质文化遗产保护中心获“彝族火把节”项目保护单位资格。

国家级非遗名录——彝族毛纺织及擀制技艺

凉山彝族毛纺织及擀制技艺　凉山彝族毛纺织及擀制技艺历史悠久，工艺独特。据彝文古籍《起源经》记载，彝族弹毛擀毡，始创于先祖阿约阿先时代，而纺线织布，则始于彝族英雄支格阿鲁的母亲蒲嫫列依时代。凉山彝族毛制品的种类主要是“袈什”和“瓦拉”，而“袈什”“瓦拉”制作工艺主要分布在凉山彝族地区的圣乍、义诺、所地等三个方言区的 17 个县市，其中以昭觉县最为突出。

彝族毛纺织及擀制技艺与彝族族源和悠久的历史息息相关，可谓古老文化的象征，并且始终影响着彝族千百年服饰的演变及发展。羊毛制品在彝族生活中占有非常重要的地位和作用，产品特征为厚实轻便、挡风御寒、劳作方便；彝族毛纺织及擀制品种类繁多，其工艺精湛，充分展示了彝族人民的勤劳智慧。

2007 年，彝族毛纺织及擀毡技艺被列入凉山州第一批四川省级非物质文化遗产名录。2008 年，彝族毛纺织及擀制技艺列入国家级非物质文化遗产代表性项目名录。

凉山彝族刺绣

凉山彝族刺绣工艺　凉山彝族刺绣工艺具有鲜明的民族性与地域性，尤其是甘洛县彝族妇女民间刺绣工艺，工艺独特、绣工精巧、技艺高超、纹样丰富，在凉山彝族中具有很大的影响力。

甘洛彝族刺绣工艺为义诺式刺绣，其工艺主要特征体现在彝族衣饰上，如男子的项背、衣襟、袖臂，女子的头帕、衣领、项背、衣襟、袖臂、下摆、挂包以及小孩的鞋、帽等。其花样大致可分为三类：一是具象的动物、植物、山水、天象图案；二是寓意吉祥平安、子孙繁衍的图案；三是抽象的几何图案，如方形、三角形、半圆形、圆形、弧形等。这些图样反映出甘洛彝族人民崇尚大自然、向往和谐自由、憧憬美好生活的热切愿望。

彝族漆器髹饰制造

色彩鲜明的各式彝族漆器

彝族漆器髹饰技艺　彝族漆器髹饰技艺是凉山州喜德县的地方传统手工技艺，为国家级非物质文化遗产。彝族漆器髹饰技艺选用优质杜鹃木、酸枝木、樟木等为原料，经过锯、刨、磨、粘等工序，然后在器形表面精心漆绘图案纹饰，最后完成一件漆器。彝族人传统的审美观点以黑为尊，以红为贵，以黄为美。彝族漆器的漆绘方法也是以黑漆为底色，以红、黄二色为髹饰色。图案多以日月星辰、山河树木、生活用具等为素材，色泽明快艳丽、对比鲜明，具有强烈的视觉冲击。2008 年，彝族漆器髹饰技艺经国务院批准列入国家级非物质文化遗产名录。

布拖彝族民间著名银饰工艺大师、国家级非遗传承人勒古沙日展示银饰手工制作技艺

彝族银饰　彝族有句谚语："银锭沉甸甸，银锭就值价；姑娘稳如山，姑娘才值价。"自古以来，彝族人就对银饰情有独钟，把银饰视为洁白可爱、纯净无瑕的精神品质的象征。彝族银饰遍布大小凉山，其中以凉山州布拖县和美姑县的银饰手工艺最具代表性。

布拖县素有"彝族银饰之乡"的美誉。布拖县彝族妇女着盛装时必佩银饰。彝族银饰做工讲究，技艺精湛，有20余道工序，形成铸炼、吹烧、锻打、焊接、编结、洗涤、雕镂、镶嵌、吊缀等一整套工艺流程。彝族银饰可分为配饰、酒具、餐具等3大类。其形式丰富多样、精致美观、异彩纷呈。

彝族银饰手工技艺

彝族崇尚银饰一是审美，二是避邪，三是象征富贵。彝族银饰有着丰富的文化内涵。

2008 年，彝族银饰制作技艺被入选国家级非物质文化遗产代表性项目。

傈僳族服饰传承人谷少英传授刺绣技艺

凉山德昌傈僳族刺绣技艺　凉山德昌傈僳族刺绣技艺主要分布于金沙傈僳族乡和南山傈僳族乡，巴洞乡团结村、宽裕乡新裕村、乐跃乡沙坝村等傈僳族小聚居村落也有零星分布。

傈僳族服饰刺绣丰富多彩。女性服饰，尤其是年轻女子服饰的纹样、图案、线条、色彩，需要精心搭配而成，一套服饰往往需要一两年时间才能完成。其绣饰部位主要有衣领、衣袖、裙边、背裙、盖头和挎包。纹样多取法自然，花、鸟、草、虫皆可入绣，图案多用二方连续和四方连续形式，常见的有：三跳针、羊蹄叉、波浪花、八角花等。中老年人的服饰图案简单明快，古朴大方；青年人的服饰鲜艳夺目，对比强烈。不论从色彩的选择、图案的搭配、绣饰的繁缛精细程度，都体现出独特的风格。

傈僳族刺绣色彩多以白黑为底，喜红、绿相配，色彩对比极为强烈，中性色相间杂，起过渡或提亮作用，使纹样新鲜、醒目、生动。在色轮上，红和绿互为补色，等量并用于刺绣，可使红显得更红，绿变得更绿，经补色对比，使色彩鲜亮饱和。傈僳族刺绣，寄托了傈僳族独特的审美情感、历史认知，对于研究傈僳族的工艺文化、历史文化、社会发展、精神信仰具有重要的价值。

2011 年，傈僳族刺绣技艺被列入凉山州第三批省级非物质文化遗产名录。

傈僳族火草麻布编织技艺表演

德昌傈僳族火草织布技艺　德昌傈僳族火草织布技艺主要分布于金沙和南山傈僳族乡，巴洞乡团结村、宽裕乡新裕村、乐跃乡沙坝村等傈僳族小聚居村落也有零星分布。

傈僳族火草布制作史历史久远。相传远古时代，有一对居住深山的傈僳族青年，男的上山打猎，女的管理家务。男青年所穿简陋的兽皮衣服已无法蔽体御寒。姑娘历尽艰辛，终于找到了荨麻、火草，经过撕、煮、漂洗、捻线，终于织成一件横纹麻布长衫。

2014 年傈僳族火草织布技艺入选国家级非物质文化遗产代表性项目。

会理绿陶 “前有唐宋青瓷，后有明清绿瓷”，会理绿陶因采用“孔雀绿石”配料而得名。会理绿陶呈宝石绿色，清爽素雅，叩之有金属清脆的声响。釉不含铅，无毒、无味、耐高温、耐酸碱，在川陶中独具一格。20世纪80年代初，在四川美术学院协助下，会理县发展了多种花釉，如雨点釉、铁红釉、粉蓝釉等。产品由原来的十多种增加到二百多种，有富有民族风格的龙凤酒具，小巧玲珑的变形动物，造型各异的花瓶、花插、壁挂、台灯、茶具、笔洗等。会理制陶业历史久远，据专家考证，会理烧制绿釉陶的历史可追溯到宋朝，历经数百年在民间兴盛不衰，至今，仍有民间人士传承祖辈工艺手工制作绿陶。会理绿陶釉色美丽、意境深远，深受各界赞扬和珍爱，产品远销美国、新加坡、黎巴嫩、日本等二十多个国家和地区。

2009年7月，会理“绿釉陶瓷品制作技艺”被列入四川省第二批非物质文化遗产名录。同年韩进富被命名为该项目代表性传承人。

会理绿陶工艺传承人韩进富的妻子正在制作陶坯

会理铜火锅制作

会理铜冶炼　会理处于川、滇结合部，与云南会泽、巧家相邻，是历史上“南丝绸之路”的通衢要道。会理自古产红铜，铜器加工制作业自唐以来就十分发达，一直沿续至今。据文献载，早在东晋末年会理就有了铜冶炼，唐宋以来会理地区铜开采与加工业兴盛，南诏时期，红铜火锅等铜制品就远销外地，清代尤其兴旺。如今，县城和鹿厂、通安、黎溪等地仍按传统方法生产加工铜器，现鹿厂镇的老街道以打制铜器而得名“打铜街”。

凉山州第一批国家级非物质文化遗产代表性项目（共 1 项）

公布时间 2006 年 5 月 20 日

序号	项目类别	项目编码	项目名称	申报地区或单位
1	民俗	Ⅸ—10	彝族火把节	四川省凉山彝族自治州

凉山州第二批国家级非物质文化遗产代表性项目（共 6 项）

公布时间 2008 年 6 月 7 日

序号	项目类别	项目编码	项目名称	申报地区或单位
1	民间文学	Ⅰ－75	彝族克智	四川省美姑县
2	传统音乐	Ⅱ－136	口弦音乐	四川省布拖县
3	传统舞蹈	Ⅲ－67	甲搓	四川省盐源县
4	传统技艺	Ⅷ－101	彝族毛纺织及擀制技艺	四川省昭觉县
		Ⅷ－128	彝族漆器髹饰技艺	四川省喜德县
		Ⅷ－40	彝族银饰制作技艺	四川省布拖县

凉山州第三批国家级非物质文化遗产代表性项目（共 3 项）

公布时间 2011 年 5 月 23 日

序号	项目类别	项目编码	项目名称	申报地区或单位
1	传统音乐	Ⅱ－115	藏族民歌（藏族赶马调）	四川省冕宁县
2	民俗	Ⅹ－129	彝族年	四川省凉山彝族自治州
3		Ⅹ－139	婚俗（彝族传统婚俗）	四川省美姑县

凉山州第四批国家级非物质文化遗产代表性项目（共 8 项）

公布时间 2014 年 7 月 16 日

序号	项目类别	项目编码	项目名称	申报地区或单位
1	民间文学	Ⅰ－17	毕阿史拉则传说	四川省金阳县
2		Ⅰ－27	玛牧特依	四川省喜德县
3	传统音乐	Ⅱ－8	毕摩音乐	四川省美姑县
4		Ⅱ－16	洞经音乐（邛都洞经音乐）	四川省西昌市（扩展项目）
5	传统美术	Ⅶ－5	毕摩绘画	四川省美姑县
6	传统技艺	Ⅷ－15	傈僳族火草织布技艺	四川省德昌县（扩展项目）
7	民俗	Ⅹ－10	彝族服饰	四川省昭觉县
8		Ⅹ－14	凉山彝族尼木措毕祭祀	四川省美姑县（扩展项目）

中国民族艺术之花——凉山州歌舞团

（三）民族文艺演出事业繁荣发展

"十三五"期间，凉山州民族文化艺术、演出事业繁荣发展，成功举办 2017 年央视春晚分会场、彝族传统火把节、民族文化艺术节、魅力中国城文化旅游（西昌）博览会、大凉山冬季阳光音乐季、大凉山戏剧节等重大节庆活动，开展文

凉山州歌舞团赴荷兰演出

《彝家儿女》获首届四川省广场舞大赛金奖

化惠民系列演出1万余场，惠及群众120余万人，在各大电视频道播放《彝海结盟》《索玛花开》等优秀影视作品。凉山文化旅游的知名度，文化传播力、影响力不断提升，2017年，凉山西昌参加央视《魅力中国城》竞演，获评观众最喜爱的“十佳魅力城市”，《魅力中国城》文化旅游（西昌）博览会永久落户西昌。

火把节狂欢夜火舞凉山

2017 年央视春晚凉山分会场歌舞表演

2017年春晚凉山分会场舞蹈《快乐的诺苏》

电视剧《彝海结盟》开机发布会上主创人员接受媒体采访

大型彝族歌舞剧《彝红》讲述了红军过凉山建立的第一支少数民族地方红色武装——中国夷（彝）民红军沽鸡（果基）支队的故事

歌舞剧《彝红》剧照

竹竿舞表演

双语教育全面覆盖

（四）教育事业蓬勃发展

70多年来，凉山州大力发展教育事业，为切实保障凉山学生享受优质教育创造了许多有利条件。一是加大义务教育保障力度。统筹“四川省民族地区教育发展十年行动计划”“大小凉山彝族聚居区教育扶贫提升工程”“三区三州”和“深度贫困县义务教育寄宿制学校建设工程”等教育专项工程，新建、改扩建600多所义务教育学校，着力化解“大班额”，提高寄宿率，保障适龄儿童完成义务教育。二是提升学前教育“双普”水平。新增公办幼儿园468所，对现有6000余名“一村一幼”双语辅导员进行全员轮训，提升普通话及保教水平。指导推进“学前学会普通话”项目试点，帮助幼儿学好普通话，促进学前教育与小学教育有机衔

高等教育加快发展

接。三是推动职业教育特色发展。整合现有职教资源，优化职业学校布局，做好职业教育发展规划和中职学校基础办学条件标准化建设规划。指导中职学校开展省级示范学校、示范（特色）专业建设，发展优秀传统文化、现代农牧业等特色优势专业，提升中职学校办学水平。实施“9+3”免费教育计划，扩大招生规模。四是强化教师队伍建设。全额满足凉山州“特岗计划”教师招聘需求，“公费师范生培养计划”向凉山州倾斜。加大双语教师培养和补充力度，安排高校为凉山州定向培养双语老师。实施“银龄计划”，遴选一批退休优秀教师支持凉山州教育发展。按照“单列计划、降分录取、定制培养、签约免费、本土就业”的思路，在2020年前为凉山州11个深度贫困县培养5000名以上紧缺专业本科和高职技术技能人才。针对凉山州教育脱贫攻坚特别是控辍保学压力大的特殊实际，从各地高校择优选派645名教育行政干部组成工作队，赴凉山州深度贫困县开展教育扶贫工作。

教育水平不断提高

教育理念与时俱进

课余活动丰富多彩

在家门口就能上幼儿园，西昌市黄水乡书夫村的孩子们个个乐开颜

双语教学，乡村教师王正春用流利的彝语和学生交谈

在木里县宁朗乡拉根瓦村幼教点，孩子们围着扎西尔玛老师，听她讲故事

倡导现代健康文明的生活方式从娃娃抓起

幼儿园老师带着孩子们做游戏

校园环境越来越好，课外活动也越来越丰富

课间操形式丰富多彩

西昌市民族中学

雷波县民族中学

甘洛县职业技术学校的现代化教学环境

普格县民族中学的学生在宽敞明亮的图书室阅读

普格县民族中学的学生在多媒体教室里学习

喜德县冕山初级中学寄宿制学生寝室干净整洁

竞技水平不断提高

（五）体育运动蓬勃开展

凉山州体育运动蓬勃开展，体育产业方兴未艾，竞技体育“芝麻开花节节高”，走出了殷剑、石文强、洪宁宁、郑双雪、陶佳、徐立波、舒建明等一大批高水平竞技体育人才。凉山的竞技运动水平居全国 30 个少数民族自治州之首，截至 2019 年底，共产生奥运会冠军 1 个、亚军 1 个；亚洲及世界级体育比赛冠军 18 个；全国体育比赛冠军 231 个，涉及帆板、帆船、滑水、跳水、游泳、皮划艇激流回旋、赛艇、田径、举重、拳击、武术散打、跆拳道、摔跤、射弩等共 14 个体育项目。国际级体育健将 16 人，国家级体育健将 10 人。向国家和省输送的体育后备人才已达到 782 人。

凉山州首次马拉松盛会

现代化的赛事直播手段

体育比赛已经成为凉山旅游的一大亮点

新农合解决了群众“看病难、看病贵”问题

四、社会建设

凉山州小村庄里的阵阵读书声、田间地头披上的一层绿意、基层卫生机构的医护人员在为村民就诊……一切都呈现出一片欣欣向荣的景象，文明和谐之风扑面而来。走在凉山的任何一个地方，你都能感受到这片土地的温度。

2019 年，《凉山彝族自治州禁毒条例》全面施行，贫困家庭吸毒人员实现全员戒治，社区戒毒康复人员管控率达 99.7%，缉毒执法效能全省第一。艾滋病抗病毒治疗覆盖率、成功率分别达 93.86%、91.31%，母婴传播率降至 4.57%，“1+M+N”人盯人防治体系基本形成。贫困人口全部由财政全额代缴参加基本医保和大病保险，贫困县贫困患者住院医疗费用自付比例为 4.88%。4581 户 2.1 万名自发搬迁贫困群众脱贫。

无论是城市还是乡村，这片土地上处处都凝聚着团结的力量，绽放着和谐的欢笑。你中有我，我中有你，共同繁荣发展的理念让各族人民前进的脚步越发铿锵有力。

凉山彝族自治州第一人民医院

（一）医疗基础设施建设稳步推进，民族医药文化不断发展

凉山州高度重视医疗卫生事业的发展，始终把保护人民健康和生命安全放在重要位置，经过多年的发展，医疗基础设施建设稳步推进，覆盖城乡的医药卫生服务体系基本形成，疾病防治能力不断增强，医疗保障覆盖人口逐步扩大，卫生科技水平迅速提高。

凉山州狠抓禁毒防艾，加快推进“1+15+N”绿色家园、“1+8”重大疾病公共卫生医疗救治中心建设。着力帮扶特殊群体，专班推进自发搬迁群众规范管理工作，统筹抓好孤老残弱群体精准脱贫兜底保障，确保不落下一户一人。

昭觉县正式投入使用的区域医疗中心大楼

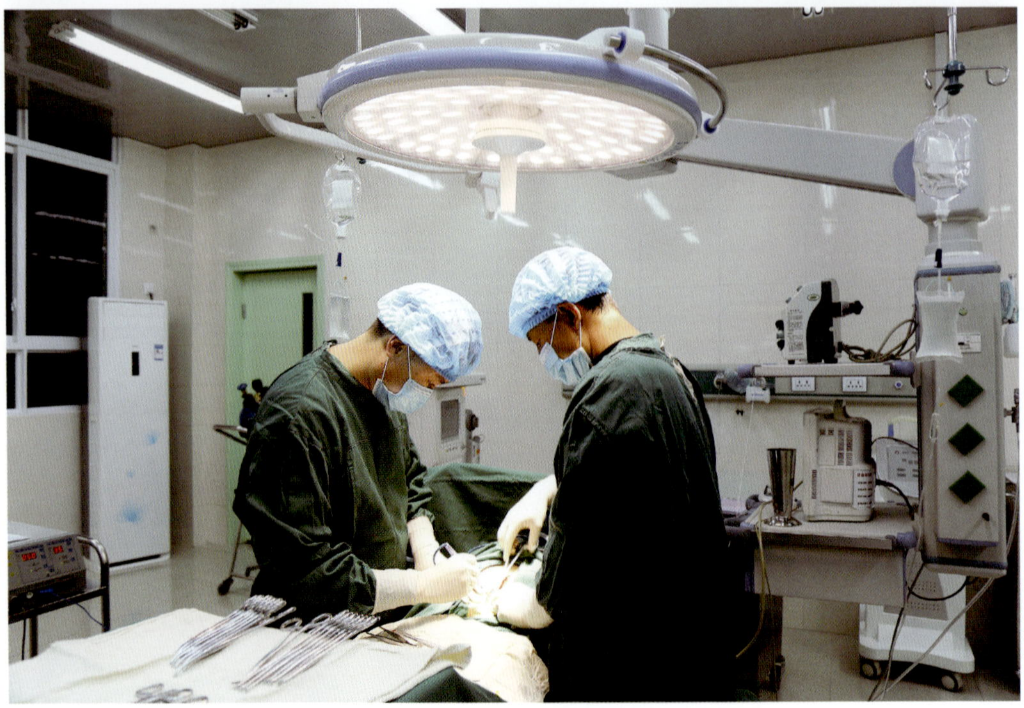

越西县医院手术室环境不断改善，患者享受到优质的医疗条件

医护人员深入偏远山区为彝族群众会诊

社区医疗惠民利民

为推动彝医药事业健康发展，不定期举办相关的知识培训

凉山州是全国最大的彝族聚居区，有自成体系的彝医药文化，在用药方法、药物剂型和品种方面有着鲜明的民族性和地域特色。近年来，随着彝医药技术不断成熟，接受彝医药治疗的病人越来越多。彝医药研究在典籍整理方面也取得了可喜成绩。

“十二五”期间，凉山州共新建 9 个县级中彝医院；收集彝医药文献资料 31 本、单方验方 800 余方、彝医适宜技术 70 余种，制作彝药生药标本 500 余种、蜡叶标本 200 余种；完成 7 个国家级民族医药适宜技术推广科研课题、1 个国家级民族医药文献整理科研课题、2 个省局级科研课题，其中，文献整理的《彝族毕摩苏尼医药及适宜技术》荣获国家民族医药协会科学技术奖、民族医药传承贡献三等奖；利用彝医适宜技术治疗 9 万余人次，培养 140 名彝医人才。

第二届全国彝医药学术研讨会成功举行

2017 年 4 月 27 日，凉山州彝医医院在凉山州中西医结合医院增挂牌子成立

2005 年，凉山州成立了彝族医药研究所，挂靠在凉山州中西医结合医院，实行两块牌子、一套人马的管理机制，主要职能是对凉山州彝医药进行发掘整理和研究开发，开展民族医药临床服务。2007 年，研究所开设了彝医门诊。自开办彝医门诊、彝医科、彝医特色治疗室以来，年就诊量达 1.4 万人次。

环境舒适、服务贴心、技术过硬的木里藏族自治县中藏医院

木里中藏医院门诊大楼

藏医药具有完整科学的理论体系、独特的临床疗法和制药技术。藏医药在木里的发展有着悠久的历史，在实践中总结出了一些具有地域特点的治病方法。为了弘扬民族医药，满足木里县广大人民群众对藏医药服务的需求，木里县中藏医院已经建成了四川省内最具规模的一所标准化制剂中心，获得了注册有“阿嘎索昂”等藏药品种的制剂批准文号，藏医药事业站在了一个较高的起点，为传统医学的发展奠定了坚实的基础。

木里县群众在藏医院就诊

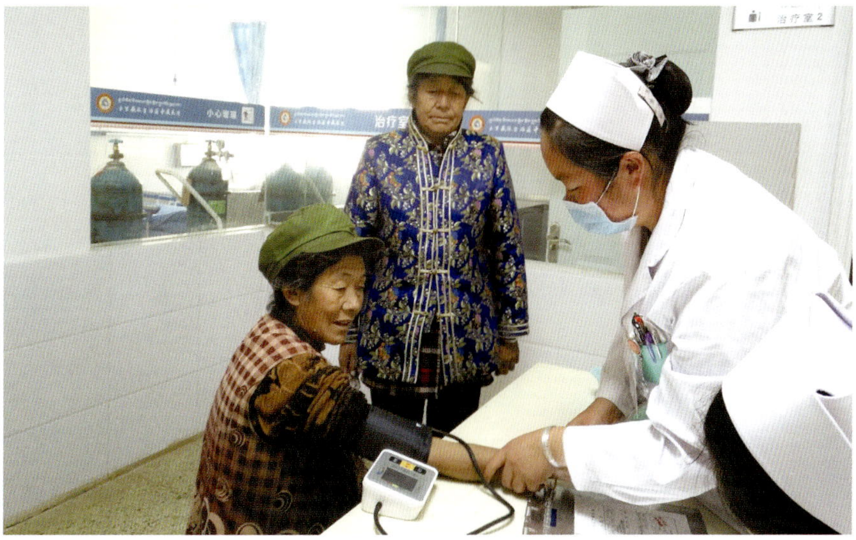

中藏医院的医护人员为病人测血压

木里县自制藏药陈列室

盐源县大堰沟村

（二）加大城乡建设力度

近年来，凉山州着力加快新型城镇化进程，推进城乡一体化发展。以现代化的生态田园建设为带动，加快新型城镇化体系建设，城市功能不断完善，城市面貌焕然一新。据全国人口变动调查数据显示，2019 年，凉山州城镇化率稳步提升，年末全州常住人口为 492.8 万人，比上年增加 2 万人，位居四川省第 4 位（前面依次为成都、南充、达州），常住人口城镇化率达到 37.13%，较 2018 年末提高 1.42 个百分点。

建设彝家新寨是省委、省政府为支持大小凉山彝族聚居区加快经济社会发展步伐、改善彝族群众生产生活条件和生活环境、提升贫困地区发展能力而采取的重大举措。自 2011 年在全州彝族聚居区开展以来，特别是自 2016 年起提高彝家新寨建设补助标准以来，凉山州各级党委、政府和有关部门进一步提高政治站位，

会东县山北村

强化使命担当，把彝家新寨建设任务层层落实到位，突出建设质量，狠抓建设进度，推动彝家新寨建设工作不断取得新成绩，跃上新台阶。

2016年以来，凉山彝家新寨建设投入省、州、县各级财政专项扶贫资金近55.5亿元，彝族聚居区10县实施项目覆盖1048个村、65524户，直接受益建档立卡贫困群众达30余万人，包括非贫困群众在内的农民群众共建共享村内道路等公益项目达101余万人。彝家新寨建设彻底改变了凉山彝族聚居区的面貌，让广大彝族贫困群众住上了好房子，为推进全州脱贫攻坚进程、助推彝族聚居区贫困户脱贫、贫困村退出、贫困县摘帽发挥了重要作用。

村寨依山就势，水泥路通家达户，公共服务设施一应俱全，彝族村民住进宽敞明亮的新房子。在凉山广大彝族聚居区，彝家新寨呈现出“环境优美、功能完善、特色鲜明、生活文明”的新气象。

喜德县石门村

现代化生态田园

五、生态建设

党的十八大以来，凉山州牢固树立“绿水青山就是金山银山”的理念，深入推进生态文明建设，力争让凉山天更蓝、山更绿、水更清，人与自然更和谐。地处西南地区的凉山，作为长江上游生态屏障建设的重要组成部分，生态区位十分重要。凉山州把推进绿色发展融入转型跨越、脱贫奔康的全方位和全过程，以生态建设为先导，统筹推进全域生态文明建设。2018 年，凉山州空气质量优良天数比例为 98.4%，综合指数在全省排名第三；全州地表水水质优良率为 100%；全州土壤环境质量总体保持稳定。

（一）绿色发展最亮丽

凉山州地处长江上游，金沙江、雅砻江、大渡河三大干流穿越境内 1200 余千米，生态区位十分重要，是长江上游生态屏障建设的重要组成部分，是四川省三大重点林区之一。凉山州着力抓好生态文明建设和环境保护这个生命工程，筑牢长江上游生态屏障。

2016 年 8 月 15 日，凉山州委七届九次全会审议通过《关于推进绿色发展建设美丽凉山的决定》，提出要把推进绿色发展融入转型跨越、脱贫奔小康的全方位和全过程，以生态建设为先导，统筹推进全域生态文明建设，大力实施“绿化凉山行动”，优化提升产业结构，注重补齐发展“短板”，加快形成绿色发展方式和生活方式，加快建设天更蓝、地更绿、水更清、环境更优美的美丽凉山。

凉山州通过实施人工营造林、退耕还林、森林抚育、低产林改造、生态脆弱区生态治理等重点生态工程，大力开展“大规模绿化凉山”行动，多种途径补充林地和增加森林资源，为保护长江母亲河、维护国家生态安全作出了积极的贡献。

凉山州现有林地保有面积 5981 万亩，占全州总面积的 66.2%，活立木总蓄积 3.33 亿立方米，森林覆盖率 45.5%，林木覆盖率 61.9%。有全国森林蓄积第一县木里县；有包括国家级的大风顶大熊猫自然保护区在内的森林、野生动物、湿地等各级自然保护区 12 个，保护区面积 500.6 万亩；有国家、省级湿地公园 3 个，湿地总面积 66.8 万亩。其中，邛海湿地是全国最大的城市湿地和全国生态文明教育基地。

西昌邛海湿地公园

在凉山中部的安宁河谷平原，有一高原湖泊——邛海，曾经这里湿地退化、水质污染。经过多年的湿地恢复治理，如今邛海水域面积达 30 多平方千米。邛海湖畔的泸山，曾经被火灾毁坏，通过植树造林，一棵棵树苗茁壮成长。邛海水生态环境的变迁、泸山林区的变化，是凉山深入推进生态文明建设的一个缩影。

随着邛海生态环境的改善，邛海景区功能、品牌效应全面提升，逐渐成为国内外游客热捧的旅游目的地，创建成为首批国家级旅游度假区。

凉山州抢抓机遇，拟建设西昌市“河湖公园”，其总体架构为一带、三河、七湖、八湿地。即：以安宁河干流为纵轴，河流两岸宽谷平原为两翼的田原城市景观带；以邛海国家水利风景区（包含三河一湖）梦幻水域为核心，新建东湖、大兴湖、天王湖、樱花湖、月亮湖、望邛湖，打造邛海湿地、东湖湿地、西河活水湿地、月亮湖湿地、复兴湿地、两河口湿地等八个湿地公园。构建大水域，形成大水景，实现“水在城中、城在水中、湖水相依、彩带环绕”的西昌阳光水城梦，建成中国西部旅游、度假、康养、居家首选地。

西昌邛海

草海金秋

（二）生态扶贫相促进

截至2019年，凉山全州17个县（市）中，有12个纳入国家重点生态功能区。除宁南县外，均是深度贫困地区，重点生态功能区与深度贫困地区高度重合，推进生态保护建设与脱贫攻坚相结合成为必然。为此，凉山州找准生态保护扶贫着力点，坚持生态保护与精准扶贫相互结合、相互促进，实现生态建设与带动精准扶贫双赢。

凉山州向国家重点生态功能区倾斜，优先安排天然林资源保护、退耕还林、生物多样性保护、生态脆弱地区治理等重大生态工程项目，吸纳当地贫困群众通过参与工程建设获取劳务报酬。同时，新增更多就业岗位，在贫困户中选聘生态管护员，通过生态公益性岗位得到稳定的工资性收入。

生态经济是推进生态保护建设与群众持久脱贫兼顾相融的有效途径。凉山州发挥生态资源优势，着力建基地、创品牌、搞加工，大力发展“1＋X”林业生态产业和“果薯蔬草药”特色农业，鼓励通过土地流转、入股分红、合作经营、劳动就业、自主创业等方式，建立利益联结机制，培育农村新型经营主体，增加贫困户经营性收入。

凉山州支持发展生态旅游，依法加强自然保护区、森林公园、林场、草原等重要景区（点）公共基础设施的规划建设，提升可进入性和舒适性，发展生态旅游体验、生态科考、生态康养等产业。鼓励创办乡村旅游合作社，壮大村集体经济组织，盘活土地、草场、山林等资源，开展户外休闲、农事体验、乡村观光等乡村旅游，支持打造一批旅游扶贫示范区、示范村、示范户。

雷波山谷

自然氧吧——高山草甸

（三）加强制度建设，深入推进生态文明建设

良好的生态环境，是凉山人的共同期盼。民之所望，便是政之所向。夯实生态环境基础，推进生态文明建设，成为凉山绿色发展的主旋律、主基调。在深入推进生态文明建设过程中，凉山始终坚持建章立制、问责严惩，构筑最严格生态环境保护制度。一项项雷霆出击的专项行动，持续保持了严厉打击生态环境污染的高压态势。

凉山动真格、出实招，不断织密环境监管铁网，对破坏生态环境行为不手软、不姑息、严厉惩治，对不作为、慢作为加强问责追责，毫不留情，筑起了一道生态安全屏障。

加强自然保护区保护力度。国土、林业、农牧、水务和规建等部门，对全州自然保护区、各级各类自然保护地边界相关数据、范围和违法违规情况进行核实。同时开展自然保护区专项执法检查及“绿盾 2017”专项行动问题整改“回头看”，整改完成率达 93.15%。

严格依法开展环境影响评价工作。既高效服务凉山州重大项目推进，又严格环评把关，2018 年共审批项目 55 个，项目总投资 108.09 亿元，其中环保投资 2.32 亿元。

全面加强环境监管执法力度。2018 年，全州共下达环境行政处罚决定书 259 件，处罚金额 1788.35 万元，其中查封扣押 2 件，限产停产 26 件，移送拘留 3 件，查获涉嫌环境污染犯罪 1 件。

有序推进第二次全国污染源普查工作。根据国家、省、州下发的名录底册，各县（市）通过拉网式排查，将全州 2129 家工业企业和产业活动单位、288 家规模化畜禽养殖、137 个集中式污染治理设施、28 台生活源锅炉、380 个入河排污口纳入普查对象，并通过了国家最终审核，成功入库。

开展大气污染防治专项整治和综合督查。在持续推进大气污染防治中，重点推进西昌钢钒焦炉煤气精脱硫改造等 33 个工程减排和结构项目实施，有力削减二氧化硫、氮氧化物排放总量。实施全州挥发性有机物污染综合防治，督促 7 家涉挥发性有机物排放重点企业开展整治工作。开展全州大气污染源排放清单第一轮更新工作，全面摸清大气污染源排放情况，严厉打击偷排漏排超排等环境违法行为。

不断强化水污染防治。深入实施水污染防治行动计划，全州 684 个地下油罐改造任务已完成 503 个，西昌、德昌、会理、会东、宁南、冕宁 6 县市已建成 7 个城市生活污水处理厂。同时，提前完成 20 个集中式饮用水水源地问题整改工作，累计投入资金 3580.6 万元。

民族团结篇

蓝天白云下的彝族朵洛荷

凉山自古以来就是通往祖国西南边陲的重要通道。1935 年 5 月，红军长征北上抗日路经凉山彝族聚居区，先遣部队牢记党中央的少数民族政策，一路秋毫无犯，与彝族人民一起反抗国民党的反动统治，得到了彝族同胞的衷心拥戴和支持，刘伯承元帅和果基家支头人小叶丹在冕宁彝海边歃血为盟，结为兄弟，史称“彝海结盟”。“彝海结盟”是中国共产党领导的中国工农红军早期运用民族团结政策的光辉典范。中华人民共和国成立以来，民族团结在凉山有着生动而丰富的实践。

大山里美丽动人的摩梭姑娘

历届州委、州政府始终把促进民族团结进步事业作为永恒主题和重要任务。党的十八大以来，州委、州政府牢牢把握“共同团结奋斗、共同繁荣发展”主题，紧紧围绕铸牢中华民族共同体意识这一主线，聚焦同步全面小康目标，紧密结合州情实际，将创建全国民族团结进步示范州作为推动全州经济社会建设的现实之需，实现凉山跨越发展、长治久安的战略之策和提升党在民族地区执政能力的固本之举，探索出一条符合凉山实际的创建之路。凉山州的生动实践，是深度贫困地区开展民族团结进步创建的有益探索，为全国民族团结进步创建工作提供了宝贵经验。2017 年 12 月，凉山州被国家民委命名为“全国民族团结进步创建示范州”。

桃花树下的花伴舞

一、多民族共居住

凉山彝族自治州自古以来就是祖国西南一个多民族的地区。据文献记载和传说及考古发掘证明，远在石器时代就有人类栖息繁衍在这块土地上。《史记·西南夷列传》记载："……自滇以北君长以什数，邛都最大；此皆魋结、耕田，有邑聚。"除汉族以外，汉晋时期这里有邛人、笮人、僰人、旄牛、濮人、斯叟、摩沙等；唐宋时期有勿邓、丰琶、两林（总称东蛮），以及乌蛮、马湖蛮、栗粟、么些、净浪、阿宗、蛮僚等；明清时代有倮罗、西番、么些、摆夷、回回、羿子，等等。这些众多的古代民族和部落，经过千百年的辛勤劳动，共同开发和建设了这片土地，从而创造了自己的物质文明和精神文明。在漫长的历史长河中，他们和睦共处，友好往来，相互融合，为创造祖国的悠久历史，繁荣中华民族的灿烂文化作出了贡献。

凉山州是全国最大的彝族聚居区。全州幅员 6.04 万平方千米，辖 16 县 1 市，木里县是全国仅有的两个藏族自治县之一，境内有彝、汉、藏、回、蒙古等 14 个世居民族，截至 2019 年末，全州户籍人口 531.03 万人，其中：少数民族人口为 303.97 万人，占总人口的 57.25%；彝族人口为 285.88 万人，占总人口的 53.84%。

凉山藏族舞蹈

盛装打扮的傈僳族姑娘

彝族小姑娘换装，准备参加盛大的节日

大型民族历史舞台剧《彝红》

二、民族团结进步创建工作

凉山州认真贯彻落实党中央关于开展民族团结进步创建的决策和部署，牢牢把握“两个共同”主题，以铸牢中华民族共同体意识为主线，发扬民族团结的优良传统，将民族团结进步创建与全州中心工作紧密结合，高度重视、高位推动，主题明确、重点突出，聚焦聚力脱贫攻坚，全力推进经济转型跨越发展；持续加大民生投入，各族群众生活水平稳步提高；倡导健康文明新风，推动物质文明与精神文明协调发展；建设文化强州，促进各民族文化繁荣兴盛；创新创造载体形式，在深入细致上用功、在求实求效上发力，提振了精气神，展现了新风采，探索出一条符合凉山实际的创建之路，受到国家民委高度肯定，认为凉山州民族团结进步创建的生动实践，是深度贫困地区开展创建的有益探索，为全国民族工作创造了宝贵经验。

金阳县民族团结进步宣传月活动现场

（一）民族团结进步，是凉山州历经岁月不变的追求

凉山作为“彝海结盟”的所在地，有着优良的民族团结传统。1950 年凉山解放，同年 12 月 26 日至 31 日，西昌专区各族各界代表大会通过了《西昌专区各族人民团结公约》；1984 年 6 月 23 日，凉山州出台《关于开展好“民族团结月”活动的安排意见》；1987 年 8 月 12 日《凉山彝族自治州自治条例》颁布施行，把“火把节”当月定为“民族团结进步”宣传月。从那时开始，每年火把节，凉山都要开展“民族团结进步宣传月”活动。期间，全州各级党政机关和企事业单位，结合本部门、本单位实际，通过召开庆祝大会、表彰大会、座谈会，举办电视大奖赛、征文活动、在新闻媒体开设专栏等多种形式，宣传党的民族政策，宣传民族团结进步模范事迹，大力营造重视民族团结、珍惜民族团结、自觉维护民族团结的浓厚氛围。通过“民族团结进步宣传月”活动，分层推进，分类施教，凉山州的民族团结宣传教育工作走上了制度化、规范化的轨道。

1984 年 2 月 4 日，凉山州第一次民族团结进步表彰大会在西昌召开。1988 年 9 月，国务院召开第一次全国民族团结进步表彰大会，凉山州有 7 个集体、11 人受到表彰。1990 年，凉山州委、州政府把定期召开民族团结进步表彰大会用文件形式固定下来。2010 年，中央宣传部、中央统战部、国家民委联合下发了《关于

金阳县民族团结进步创建三下乡活动

进一步开展民族团结进步创建活动的意见》，凉山州备受鼓舞，锁定目标，扎实工作，全力争取早日创建成功。2016 年 4 月，凉山州召开创建全国民族团结进步示范州动员大会，响亮提出用两年时间，成功创建全国民族团结进步示范州。2017 年 12 月，凉山州被国家民委命名为“全国民族团结进步创建示范州”，凉山州民族团结创建工作受到国家民委高度肯定。2020 年 11 月 1 日，《凉山彝族自治州民族团结进步条例》经四川省人民代表大会常务委员会第二十二次会议批准颁布实施，为进一步推进凉山州民族团结进步事业，铸牢中华民族共同体意识，巩固和发展平等团结互助和谐的社会主义民族关系，促进各民族共同团结奋斗、共同繁荣发展，维护社会和谐稳定，共建美丽幸福文明和谐新凉山奠定了坚实法律基础。

截至 2019 年，凉山州召开了 7 次民族团结进步表彰大会，激励全社会争做民族团结进步的模范，先后有 440 个民族团结进步模范集体、896 名民族团结进步模范个人获国务院和省、州表彰；凉山奴隶社会博物馆、彝海结盟遗址被命名为“全国民族团结进步教育基地”；西昌市、凉山州国家税务局被命名为“全国民族团结进步创建活动示范单位”；木里大寺等 23 个单位被命名为“全省民族团结进步示范单位”；2018 年 12 月，木里、冕宁、越西三县被命名为第三批“全省民族团结进步创建示范县”；州委宣传部等 252 个单位被命名为“全州民族团结进步示范单位”。

各族同胞共同欢度火把节

（二）民族团结进步，在凉山全面推开

凉山把创建活动与促发展、惠民生相结合，因地制宜地推出一系列务实举措，加快推进建设小康同步、公共服务同质、法制保障同权、民族团结同心、社会和谐同创，使各族群众受教育、得实惠，让创建活动看得见、摸得着、有抓手。

凉山州国税局推出“五合一”讲堂品牌，利用道德、党建、廉政、业务、法制讲堂，挖掘出舍小家为大家的李泽芝、一家三代 5 个民族和谐共处的果果沐等典型人物，用身边典型教育人、感染人、激励人，已累计举办讲堂 86 期，4100 人次参与，成为宣传民族团结进步的重要阵地。2017 年，凉山州国税局被评为全国民族团结进步创建示范单位。

凉山州民族中学传统文化欢庆活动

西昌市民族中学是一所“一类模式”学校，主要特色是彝汉双语教学。彝汉双语教学不仅可以帮助彝族学生理解教学内容、活跃课堂气氛，还承担着传承彝族文化的责任。昭觉县东方红小学的课间操有彝族传统舞蹈改编的健身操，教学楼一楼的墙报上，张贴着中华历史文化名人的画像和事迹，可以让同学们了解中国的历史文化，增强对中华民族、中华文化的认同；楼梯间，还悬挂着同学们以民族文化、民族团结为主题的画作。民族团结进步进学校，重在帮助学生健康成长，增强青少年的中华民族共同体意识和爱国热情。凉山州民族中学以“加强民族团结、构建和谐校园”为主题，开展民族团结进步知识竞赛，以“增进互信、增进感情、增进团结”为主要内容，大力宣传党的民族政策、民族知识。

西昌市第四小学学生欢庆“六一”国际儿童节

西昌市新村街道海河社区以网格为基本单元，把民族团结进步工作延伸到景区、单位、学校、院落、家庭，做到任务到岗、工作到位、联系到户、责任到人。社区建立健全定期走访、入户调查、预警预测、帮扶解困、化解矛盾、维护稳定等工作机制，确保群众反映的问题“件件有着落、事事有结果”，让各族群众切实感受到党的温暖和关怀。

四川省彝文学校、州民干校教育教学成果展示大会上，彝语相声演员沙马木乌、莫色阿萨在表演《彝族年》

民族团结进学校

民族团结进社区

社区还整合资源，在州农校打造了彝族刺绣基地、凉山州非物质文化传承人基地，为各民族提供了更多的经商机会和就业岗位，助力脱贫攻坚。

木里县组建14支藏汉双语宣讲团，经常深入14座寺庙巡回宣讲民族政策法规知识，举办民族团结进步宣传教育讲座。这些活动的开展有力地促进了木里藏族群众聚居区的稳定。“木里长足发展长治久安20条基本经验”在四川省32个涉藏县推广。中央党校课题组撰写的《民族地区如何长治久安——木里的经验和启示》研究报告，高度评价了木里县是“当前我国藏族聚居区治理的典范”。

凉山州以构建平等团结互助和谐的社会主义民族关系为核心，以创建全国民族团结进步示范州为抓手，立足州情，创新实践，探索出具有凉山特色的进机关、进学校、进社区、进企业、进镇村、进宗教场所的“六进”工作模式。在凉山，民族团结进步创建工作融入各行各业，“两个共同”“三个离不开”“中华民族一家亲，同心共筑中国梦”的意识扎根全州各族人民心中，成为内化于心、外化于行的强大精神动力。

民族团结进镇村

（三）民族团结进步，是凉山州干部群众的共识和自觉行动

民族团结不是口号，而是要让它成为各族干部群众的共识和自觉行动。民族团结的基础在民间，只有筑牢民族团结的社会基础，团结才会牢固，才会持久。在卓有成效的促进民族团结进步社会机制的保障下，在浓郁的民族团结社会氛围中，凉山城乡各族干部群众相亲相敬、互相帮扶的感人故事层出不穷。

“每天给我们盛饭、夹菜、盛汤，孩子们还给我们端洗脸洗脚水。”会东县淌塘镇麦地村的村民普万福说起现在的日子，笑得合不拢嘴。普万福和弟弟是村里无依无靠的彝族五保老人，让他们过上好日子的正是汉族夫妇韩顺英和丈夫。两位老人都是残疾人，普万福自小智力发育不全，普万福的弟弟小时候手被烧伤属4级残疾，不能做重活。这对亲兄弟，靠种点薄地、帮邻居放牧牲口度日。随着年龄的增长，两位老人的生活越来越艰难。2013年，韩顺英说服丈夫，从新疆回到当时连公路都不通的老家，将普万福兄弟俩接到家中赡养。年迈的婆婆身体不好，要靠吃药维持，两个孩子也在念书。“把两个五保老人接到我家来生活，肯定会增加不少事情，但总不能眼睁睁看着他们受苦。”韩顺英选择坚强、乐观。2013年春的一天，普万福突然高烧不退，韩顺英急得直哭。晚上9点，夫妇俩轮流背

青年党员向群众宣传民族团结

随处可见的民族团结进步标语

着老人深一脚浅一脚一路小跑到了10余里外的镇医院。住院期间，夫妇俩忙前忙后，镇医院的医生、护士一度以为韩顺英是老人的亲生女儿。2015年，韩顺英夫妇还为普万福老人办了60岁寿宴。如今，多年过去了，韩顺英一家对两位老人的孝顺和照顾始终如一，她总是说："只要老人健康平安，一家人其乐融融就好。"

在凉山，像韩顺英夫妇这样民族团结的先进典型不胜枚举。2014年2月26日，汉族保安朱育德和彝族汉子王汉林接力救起藏族女孩，朱育德献出宝贵生命的事迹，被广为传颂；2016年5月29日，昭觉县撒拉地坡乡烂坝地段发生泥石流，中国电信昭觉县公司的张永权、曲比曲拉、莫说、田成金4位彝汉员工，冒着生命危险徒手刨挖淤泥，救出两名汉族施工人员；2017年10月31日，中央文明办在成都举办2017年10月"中国好人榜"发布仪式暨全国道德模范与身边好人现场交流活动，正式发布当月"中国好人榜"，在河北易县勇救落水母子而不幸牺牲的19岁彝族小伙高阿锋被评为见义勇为好人，树为榜样典型……

在凉山轰轰烈烈的脱贫攻坚战中，无数的汉族干部奔赴边远少数民族聚居的贫困村担任"第一书记"，为凉山的脱贫奔小康挥洒汗水，奉献青春甚至生命。在凉山，民族团结的事迹，就像漫山遍野的索玛花，数不清，说不完。而这些民族团结的行动，都是各族干部群众发自内心的自觉行为。

喜德县拉克乡民族团结进步新村

凉山州创建全国民族团结进步示范州领导小组会议现场

三、民族团结进步创建工作主要经验做法

五彩凉山，历史底蕴深厚、民族风情浓郁、文化资源独特、自然环境优美，五百多万彝、汉、藏等各族人民和谐共处。这里，自古以来就是“南方丝绸之路”重镇，是民族交往交流交融的走廊；这里，还是全国最大的彝族聚居区，传颂着“彝海结盟”的佳话。凉山州民族团结进步创建工作有着特殊的意义，中央领导、有关部门以及兄弟省区都高度关注。凉山州的民族团结进步创建工作主题明确、重点突出、举措扎实、成效显著，促进了经济平稳健康发展、社会和谐稳定，释放了民族团结红利，探索了一条符合凉山实际、富有彝族聚居区特色的创建之路，为全国民族团结创建工作创造了宝贵经验。主要经验做法概括如下。

金阳县召开创建民族团结进步示范县工作推进会

（一）党委政府高位推动民族政策落实，创建工作迈出新步伐

创建工作开展以来，凉山州始终按照四川省委、省政府“打造成全省民族团结进步示范创建样板”的要求，把创建工作作为统筹抓好发展、民生、稳定三件大事的重要抓手。各级党委、政府和各职能部门全力推进，州委州政府主要负责同志亲自抓，确保了创建工作始终保持高位运行，制定创建活动的实施意见和推进方案，印发有关文件，在全州 17 县（市）、州直部门（单位）同步开展创建工作。各县市也将创建工作确立为“一把手工程”，分别建立了由“一把手”负责的领导机构，落实办公场地，抽调精干人员，保障经费运作，如木里县财政每年按全县总人口高于每人 2 元的标准把创建经费纳入财政预算，并逐年提高。坚持高标准谋划、高起点推动，使凉山州的创建工作“有人办事、有钱办事、有地方办事”，创建工作看得见、摸得着，有抓手、见实效。

（二）将创建工作与脱贫攻坚、改善民生结合起来，在促民族团结的同时造福各族群众，展现新时代新作为

在创建工作中，凉山州委州政府聚焦聚力脱贫攻坚“头等大事”，把改善民生与争取民心紧密结合起来，紧紧围绕“两不愁、三保障”和“四个好”目标，深

入推进“七个一批”行动计划和23个年度专项方案，以精准措施、“绣花”功夫补齐发展短板、促进农民增收。如彝家新寨、摩梭家园等工程的推进，帮助群众住上了好房子、过上了好日子、养成了好习惯、形成了好风气。仅2016年，凉山州就实现454个贫困村摘帽、11.35万人脱贫，206.2万农村群众入住新居，13.13万无业可扶的特困群众全部纳入低保兜底，农民人均可支配收入达10368元。各族群众生产生活水平不断提高，老百姓的获得感不断增强。这一系列数据和实例体现出的是一幅全州各族人民共同团结进步、共同繁荣发展的图景，凉山州“各民族都是一家人，一家人都要过上好日子”的信念正在变为现实。

（三）宣传动员到位，推动社会广泛参与，深化创建工作进行了新探索

在创建工作中，凉山州在宣传动员上进行了许多有益的探索。反映彝族聚居区人民靠勤劳脱贫的电视剧《索玛花开》成功登陆央视一套黄金档热播，广受社会关注和好评；凉山参加《魅力中国城》竞演，经几轮激烈的比赛，运用民族文化元素，强势闯入前三名，赢得了广大观众的热情投票支持和对凉山的深度关注。除此之外，还推出深受观众喜爱的“舞美凉山”民族大团结公益演出、民族音乐剧《彝红》、电视剧《彝海结盟》、电影《我的圣途》、纪录片《彝问》、实景火秀《阿惹妞》等一系列优秀作品。这些精品佳作，以喜闻乐见的方式向全国人民宣传了凉山民族团结进步、民族文化繁荣发展的成就，展示了凉山各族人民昂扬的精神面貌，更增添了凉山各族群众的自信心自豪感，凝聚起大家建设美好家园的磅礴力量。这些大力宣传，也增强了民族团结进步创建工作的群众性、广泛性和吸引力、感染力。此外，凉山各地创建过程中在“六进”的要求上又结合自身实际推出了更为细致的“八进”乃至“十进”，增添了诸如进军营、进卫生院、进牧场、进派出所等，为深化创建工作积累了新的经验。创建工作开展以来，注重典型引领，出现了“银行舅舅”巴交龙布、“溜索医生”陈正清等一批先进典型人物。应该说，凉山州的这些有益探索，为创建工作进一步夯实了思想基础、群众基础、社会基础。

西昌市创建省民族团结进步示范市动员大会

金阳县民族团结进步教育宣讲会

雷波县开展民族团结进步创建活动

美姑县民族团结进步创建活动示范单位验收座谈会

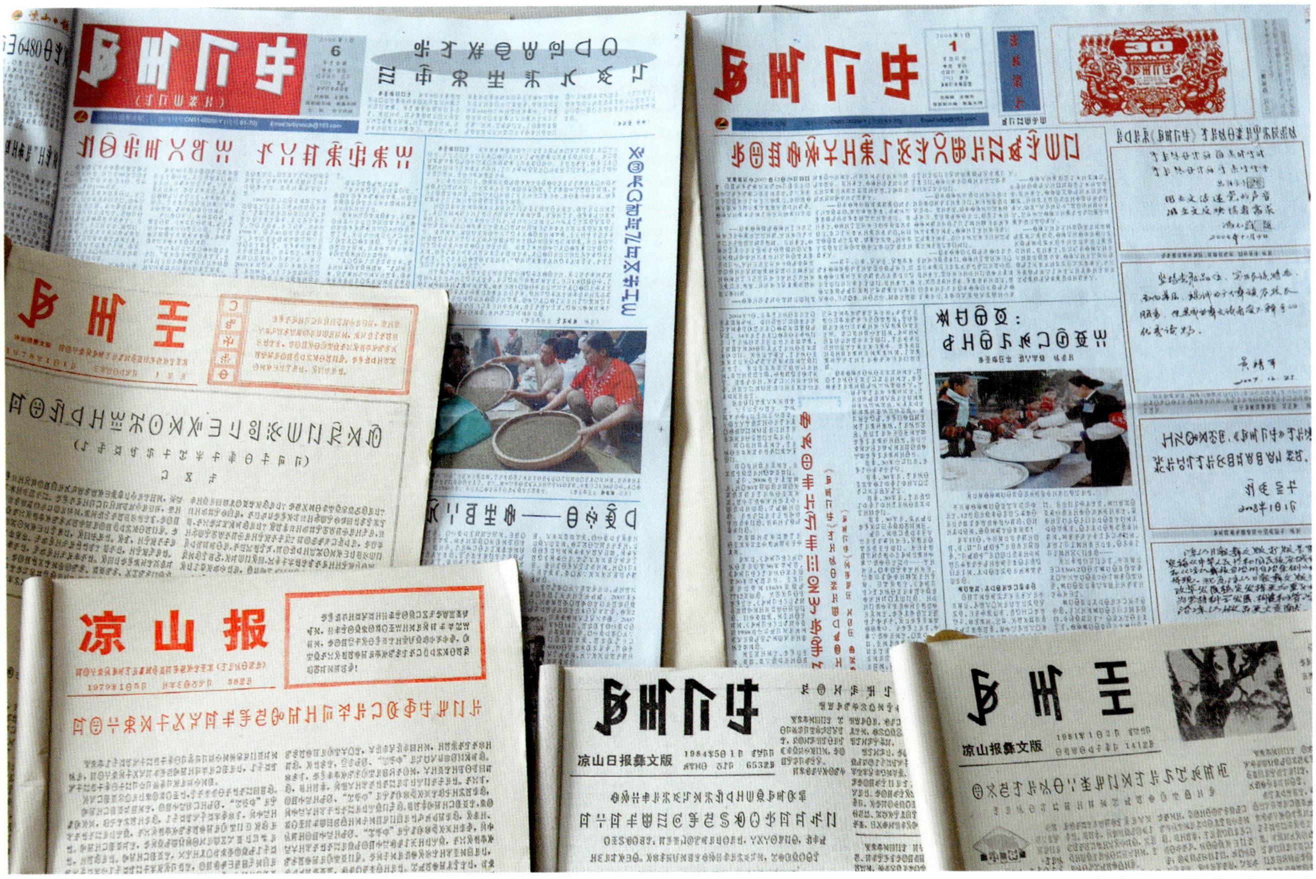

《凉山日报》彝文版

（四）大力建设平安凉山，促进民族团结探索出新经验

凉山州着眼推进民族事务治理体系和治理能力现代化，加快民族工作法制化建设，把加强和创新社会管理作为重要抓手，分类推进社会依法治理，不断完善网格化管理机制，推进民族事务治理法制化、规范化、制度化。例如，制定实施彝族聚居区《普法大纲》，创新开展“法律七进”，突出抓好法治宣传；着力依法“治贫、治愚、治毒、治病”，坚持依法治寺管僧、发展创稳促和，统筹推进依法治理；坚持建立“三调联动”信访机制、健全立体化社会治安防控体系、严格实行安全生产责任制，坚守社会稳定、安全生产、食品药品监管三条底线，大力建设平安凉山；全面落实《民族区域自治法》，全州各级机关印章、各类牌匾以及法规文件、重要会议等都同时使用彝汉两种文字，凉山广播电台彝语节目常年播出，凉山电视台彝语频道开通，依法保障少数民族语言文字权益的同时，大力推广使用国家通用语言

文字，在一系列得力措施的保障下，全州社会安定有序，各族人民安居乐业。

实践证明，凉山州民族团结进步创建过程，是全面贯彻执行党的民族工作大政方针和战略部署的过程，是促进各民族交往交流交融、牢固树立中华民族共同体意识、凝聚各族人民智慧和力量的过程，是促进少数民族和民族地区科学发展的过程，是推动民族团结进步事业不断取得新成效的过程。

自然人文篇

木里寸冬海子美景如画

凉山彝族自治州地域辽阔，冬无严寒、夏无酷暑，不是海南胜似海南，是中国西部最佳阳光休闲度假旅游目的地，自然风光雄奇秀美，充满了仙境般的神奇与美丽。全州有 10 个风景名胜区、63 个风景点。自然景观有被誉为“川南胜景”的邛海、泸山、螺髻山、灵山、泸沽湖、寸冬海子等；人文景观有彝海结盟遗址、会理古城、西昌卫星发射中心等。同时，多民族文化造就了多姿多彩的民族风情，如火把节盛典、祭事祈福习俗、民族服饰、节庆歌舞、以及摩梭人独特民俗等。

邛海—泸山国家4A级景区

一、自然景观

邛海—泸山风景名胜区建于1986年，由邛海和泸山两部分组成，2002年5月入选国务院发布的国家级风景名胜区名单，2006年创建为国家4A级风景区，核心景区面积为80.06平方千米。邛海又名邛池，位于州府西昌市南郊，属典型高原构造湖泊，为四川省第一淡水湖。邛海是凉山游览胜地之一，有高原明珠之称。湖水清澈透明，凫雁成群，景色变化无穷，四季各异。春日，碧波荡漾，花红柳绿，莺歌燕舞，春游泛舟，别具情趣；夏日，湖水盈盈，彩霞洒金，山寺渔村，远峰近树，投景湖中，绚丽多彩；秋日，天高气爽，水天一色，明月之夜，水天二月，上下争辉，蔚为奇观；冬日，天净水明，红枫翠柏，山寨楼阁，映入湖中，更为清晰。前人赞誉“松涛声，海涛声，声声相应；天上月，水中月，月

月齐明”。旧时有“清风、雅雨，建昌月”之说，故西昌又有“月城”之美称。泸山位于西昌城南，面临邛海，彝语称“达日波”，向有“川南胜景”之称。泸山形似蹲蛙，古称蛙山或蛙嶲山，主峰海拔 2317 米。风景区集中于东侧，山麓与邛海相依。山腰古木争茂，四季常绿；山顶苍松翠柏，奇花异草覆盖；山中汉柏古松参差，林间古道，曲径深幽，古刹庙宇相连。自下而上，有汉唐明清各代庙宇 12 座，迄今尚存的有五祖庵、青羊宫、玉皇殿、瑶池宫、观音阁、祖师殿、三教庵、蒙段祠、光福寺、文武宫。庙宇依山就势，色彩淡雅，终年香火旺盛，游人不断。儒佛道三教共一山，三教尊一堂，是泸山作为宗教圣地的一大独特景观。前人用“松、风、水、月”四字概括泸山景色，即：泸山的松、安宁河的风、邛海的水、西昌的月。

邛海湿地美如画

螺髻山 4A 级风景名胜区

螺髻山风景名胜区为国家级风景名胜区、国家 4A 级旅游景区。螺髻山，在邛海南岸，距西昌市区 30 千米，因山形似螺髻而得名。山中有 36 个色彩各异的深潭秀湖，丰富的亚热带植物，完整的古冰川的遗迹，漫山遍野的杜鹃花以及溶洞、瀑布等丰富多彩的奇特景观。螺髻山山体由北向南逶迤百余千米，主峰海拔 4359 米。螺髻山称得上山中的"伟丈夫"，整个山体雄浑叠翠，重峦迭嶂，气势磅礴。世有"峨眉天下秀，螺髻天下奇""螺髻山开，峨眉山闭"之说。

进山攀援，简直是一场视觉的盛宴，山上可以观赏神奇美妙的佛光，瞬息万

螺髻山美景

变的云海，茫茫无际的林海，瑰丽壮观的日出，银光闪闪的雪山，雄浑陡峭的绝壁，千姿百态的怪石，清澈透明的海子。尤其那状态各异的嶙峋怪石和错落有致、五彩斑斓的海子，使人过目难忘，拍案叫绝。螺髻山的怪石，如奔马驼峰，如玉女仙童，如石笋石柱，真是鬼斧神工。螺髻山的五彩海子，有如九寨沟见到的“童话世界”，湖水在湖边景色映衬之下，或红，或黄，或墨绿，或紫红，五颜六色，艳丽绝伦。

螺髻山草海风光

冕宁灵山 4A 级风景名胜区

冕宁灵山旅游景区为国家 4A 级旅游景区，省级森林公园。灵山景区位于四川省冕宁县，距西昌卫星发射中心 67 千米，以灵山寺为中心，规划保护面积 40 平方千米。灵山背靠小相岭，傍依安宁河，主峰海拔 414 米，屹立于灵山寺后。寺庙周围群山层峦叠嶂，绿荫青翠欲滴，清泉石上飞流。登临佛顶，北可望阳落雪山雪景，西可眺牦牛山雄姿及安宁河两岸千顷沃野，南可看卫星发射基地，东可瞰绵亘百里的大凉山千峰浮沉及星罗棋布的彝家山寨。从鹦哥山咀到寺院山门为 4.7 千米的石级古道，沿途林荫蔽日，泉水潺潺，峰回路转，一步一景，令人目不暇接。

泸沽湖畔景美人更美

凉山泸沽湖为国家4A级旅游景区、国家水利风景区。1992年，高原明珠泸沽湖正式开始接待国内外游客，短短几年间，她便以其独特秀美的自然风光名扬天下。美丽的泸沽湖畔，摩梭人世代生活在这里，现泸沽湖沿岸居住有彝、汉、纳西、藏、普米、白、壮等7个民族，约1.3万人，其中摩梭人约6000人。泸沽湖风景区以其典型的高原湖泊自然风光和独特的摩梭母系氏族文化形成了特色突出的自然景观与人文景观，四川省于1993年将泸沽湖列为省级风景名胜区。

泸沽湖国家 4A 级风景区

泸沽湖湖光山色

彝海景区

彝海景区为国家4A级旅游景区。彝海，位于冕宁县城以北47千米的草坪山上，海拔2280米，原名鱼海子，以盛产细鳞鱼得名，当地彝语叫“乌勒苏泊”。彝海属高山深水湖泊。海子成元宝形、南北向、平均水深9.8米，最深处15米，常年蓄水135.3万立方米。彝海景色迷人，凉爽幽静，从山顶远望，犹如一颗镶

嵌在群山中熠熠生辉的蓝宝石。四周层峦围护，林木茂盛，披绿拥翠，郁郁葱葱，处处山花烂漫，湖水清碧如染，水畔绿草如茵，湖光山色，令人陶醉。游人来到这里，可以体味到“不似江南，胜似江南”“杂花生树，群莺乱飞”的绝妙意境，结盟纪念碑、结盟石、结盟取水处更是中国革命历史的见证。

彝海结盟纪念碑

二、人文景观

彝海结盟纪念碑由四川美术学院院长、著名雕塑家叶毓山教授设计，纪念塑像除了刘伯承、果基小叶丹外，增加了聂荣臻和主持结盟的沙玛尔各。1995 年 8 月 1 日，“彝海结盟”60 周年纪念大会和“彝海结盟纪念碑”揭幕仪式在冕宁县彝海湖畔隆重举行。“彝海结盟纪念碑”这几个大字，由时任中共中央总书记江泽民题写。碑文由中宣部核批，用汉、彝、英三种文字书写。纪念碑立于彝海的西北角，基座高 3.5 米，宽 2.2 米，人像高 5 米，台阶 6 级，总高度 9.5 米，隐含 1935 年 5 月 22 日“彝海结盟”的日子和 1995 年“彝海结盟”60 周年建造纪念碑的时间。

会理历史文化名城

会理古城为国家4A级旅游景区、文化旅游景点。会理位于凉山州南部，总面积4500平方千米，总人口40多万人，会理古城是座拥有两千多年历史的文化古城，现为省级文化名城。县城四面环山，气候温和，四季如春，素有“小春城”之美称，是全县政治、经济、文化中心，距西昌市185千米。会理县于西汉元鼎六年（公元前111年）置县，至今已有两千多年的历史。现存会理古城建于明初，迄今已有六百余年历史，有保存完好的元至明代建筑1处，清代建筑7处，其中

会理县城北门为省级文物保护单位。会理古城保护与开发面积 1.02 平方千米，按照“修旧如旧、保持原貌，体现特色、提升品位”的原则，采取政府主导、市场运作、社会参与的方式进行保护与开发；古城建筑为明清风格，同时充分体现会理所独有的川滇文化特征。会理古城主要景点为钟鼓楼，在城内十字大街，建于清雍正 12 年，总高 22 米。钟鼓楼雕梁画栋，朱柱挺拔，镂空雕花，做工精细，造型优美，十分壮观。

西昌卫星发射中心

西昌卫星发射中心是中国发射基地，组建与1970年，是中国三大航天发射中心之一，位于冕宁县。

2020年是西昌卫星发射中心组建50周年。从1970年开始组建到现在，已成功完成160多次航天发射任务，不断刷新纪录。“北斗”在这里组网、“嫦娥”从这里奔月、“风云”自这里升空。在大凉山腹地名不见经传的小山沟里，多年来，西昌卫星发射中心承担着中国高轨道通信、气象、导航等卫星发射任务，不断创造着一个又一个中国航天的奇迹！

西昌卫星发射中心

打火把

凉山州各族人民共同书写了悠久的历史，共同创造了灿烂的文化。火把节文化、祭祀祈福习俗、民族服饰文化、节庆歌舞以及泸沽湖摩梭母系氏族文化、木里藏乡文化等异彩纷呈而又交相辉映，构成了底蕴深厚、独具魅力的凉山民族文化资源宝库。

城市火把节狂欢夜

乡村火把节

火把节盛况

彝族节日中的选美比赛

藏族服饰展示

美在山乡

木里藏族燃灯节

宗教仪式前吹奏法鼓、海螺、法号

树下祈福煨桑

摩梭人场面盛大的转山节

摩梭人转山节，人们拜完山绕着圣石转三圈后下山

泸沽湖摩梭风情舞蹈表演

摩梭甲措舞蹈

盐源县泸沽湖转山转海节篝火晚会
花样鞋店
KTV

泸沽湖畔甲搓舞

载歌载舞欢度傈僳族阔什节

飞舞的山鹰

篝火传情

结　语

一幅幅画面，一段段文字，一个个故事，记录着曾经的沧桑，镌刻着今日的辉煌，饱含着铭恩奋进的情怀，承载着对美好未来的憧憬。

忆往昔，峥嵘岁月，铸就辉煌。

看今朝，山河壮丽，安居乐业。

展未来，蓝图绘就，壮志满怀。

今天的凉山各族人民将牢记习近平总书记殷殷嘱托，更加紧密地团结在以习近平同志为核心的党中央周围，永远听党话、感党恩、跟党走，高举中国特色社会主义伟大旗帜，不忘初心、牢记使命，勇于创新、锐意进取，让生态保护更扎实、产业致富更坚实、民生改善更温暖、民族团结更牢固，共同谱写中华民族伟大复兴中国梦美丽凉山新篇章！

后　记

经过多方努力和精心准备，《美丽中国·和谐家园——民族自治地方发展成就展巡礼》系列丛书（以下简称“《巡礼》系列丛书”）终于与广大读者见面了。编纂《巡礼》系列丛书旨在打造“永不闭幕”的民族自治地方发展成就展，提供书写新时代、记录民族自治地方发展成就的“微型百科全书”。国家民委高度重视丛书的编纂工作，有关领导审批了编纂方案。办公厅致函相关省区民（宗）委协助做好《巡礼》系列丛书图文资料的补充、更新、审核等工作，文化宣传司等部门对编纂工作给予了具体指导。相关省区民（宗）委和各自治州州委、州政府及民（宗）委给予了大力支持，确定联络员协助做好有关工作。民族画报社积极支持，提供相关图片资料；民族出版社承担了出版任务，做了大量工作，谨此一并致谢！

《巡礼》系列丛书是在展览的基础上补充完善相关资料，图片、文字均未能支付稿酬，深表歉意！因水平有限，疏漏在所难免，敬请读者批评指正。

《美丽中国·和谐家园——民族自治地方
发展成就展巡礼》系列丛书编委会